U0717083

中华先贤人物故事汇

颜真卿

薛　舟　著

中华书局

图书在版编目(CIP)数据

颜真卿/薛舟著. —北京:中华书局,2019.2(2019.6重印)
(中华先贤人物故事汇)
ISBN 978 – 7 – 101 – 13754 – 5

Ⅰ.颜… Ⅱ.薛… Ⅲ.颜真卿(709~785) – 生平事迹
Ⅳ.K825.72

中国版本图书馆 CIP 数据核字(2019)第 020512 号

书　　名	颜真卿	
著　　者	薛　舟	
丛 书 名	中华先贤人物故事汇	
责任编辑	李洪超　董邦冠	
出版发行	中华书局	
	(北京市丰台区太平桥西里 38 号　100073)	
	http://www.zhbc.com.cn	
	E – mail:zhbc@ zhbc.com.cn	
印　　刷	北京瑞古冠中印刷厂	
版　　次	2019 年 2 月北京第 1 版	
	2019 年 6 月北京第 2 次印刷	
规　　格	开本/787×1092 毫米　1/32	
	印张 5　插页 2　字数 70 千字	
印　　数	10001 – 30000 册	
国际书号	ISBN 978 – 7 – 101 – 13754 – 5	
定　　价	20.00 元	

出版说明

　　孔子周游列国，创立儒家学说；张骞出使西域，开辟丝绸之路；书圣王羲之，留下了曲水流觞的佳话；诗仙李白，写下了"举头望明月，低头思故乡"的名篇；王安石为纠正时弊，推行变法；李时珍广集博采，躬亲实践，编撰医药学名著《本草纲目》……

　　这些杰出的历史人物，有的是在中华民族文明进程中做出过突出贡献、对后世产生过巨大影响的思想家、政治家，有的是对中华优秀传统文化的传承传播发挥过重大作用的文学家、艺术家、科学家，有的是为国家安定统一、民族融合团结和中外文化交流做出过杰出贡献的军事家、外交家……他们为中华民族的繁荣发展做出了伟大的贡献，他们的行为事迹、风范品格为当世楷模，并垂范后世。

他们是中华民族的先贤人物。他们的思想、品德、事迹，是中华优秀传统文化的结晶。他们的故事，是对中华民族的禀赋、特点和气质最生动、最鲜活的阐释。他们的名字，在五千年中华文明史上最为光彩夺目。他们为五千年中华文明史书写了最为光辉灿烂的篇章。

为了解先贤，走近先贤，我们精心组织编写了这套《中华先贤人物故事汇》丛书。以详实可靠的史料为依据，以细腻动人的故事为载体，真实地呈现中华先贤人物的事迹、品格和精神风貌，彰显他们的贡献和功绩，以激发人们对国家民族的热爱，对中华文明、中华优秀传统文化的崇敬。

开卷有益，期待这套丛书成为你的良师益友。

目 录

导　读

公元709年，颜真卿出生于长安。三岁那年，父亲颜惟贞去世，全家靠伯父和舅父的周济，艰难度日。尽管如此，颜真卿却胸怀远大志向，在长辈的教诲下成长。后来考中进士，踏上政坛。

当时的大唐盛极而衰，蕴含着巨大危机。在风雨飘摇中，颜真卿忠于内心，恪守本分，绝不随波逐流。在朝廷，他刚正不阿，清洁自守；在地方，他勤政爱民，劝农劝学，堪称传统意义上的"良吏"。安史之乱爆发后，他和兄长颜杲卿不顾个人安危，奋勇反击叛军，整个家族献出了三十几口人的生命。这次历史巨变是颜氏家族的劫难，也是大唐的劫难。颜真卿见证了大唐由盛转衰，也见证了唐诗从盛唐之豪迈转入中唐之恬退。晚年，他受奸臣陷害，出使叛军李希烈部，不辱使命，慷慨赴死，奏响了士大夫为国捐躯的悲歌。

这是颜真卿的精神底色，也是支撑其书法艺术的道德基础。

颜真卿从小酷爱书法，家境贫寒买不起纸笔，他就"黄泥习字"；成年之后，依然虚心学习，多次求教于"草圣"张旭，终于成为著名的书法家。

直到今天，众多初学书法的人都乐于以"颜体"为台阶，为门径，登堂入室。这里有奥妙，但是并不神秘。

人们常说，文如其人，字也如其人。颜真卿是古代士大夫的优秀代表，儒家君子精神的杰出践行者，他的书法里蕴藏着家风和情怀。颜氏家风直接来源于颜真卿的六世先祖颜之推，那个写出中国家教经典《颜氏家训》的人，而他的爱国情怀更是中华民族绵延不绝的精神脊梁：贫贱不移，威武不屈；杀身成仁，舍生取义。

因此，颜真卿的字就是大唐的风骨，也是盛唐的灵魂。

黄泥习字

夏天的长安城，天气热得像蒸笼，低垂的杨柳无精打采，纹丝不动。街上很少行人，偶尔有挑着担子的货郎走过，懒懒地摇几声拨浪鼓，却招不来几个孩子。孩子们都躲在家里，或者在树荫下玩耍，谁愿意挨这太阳的暴晒。

通化坊在长安城正北，隔着善和坊就能望见巍峨高耸的朱雀门。几个孩子玩腻了，各自就要回家，一个孩子说道：

"真卿，今天到我家玩吧？"

"好是好啊，我就是怕你爹！"颜真卿说道。

"放心吧，今天我爹不在家。"

通化坊里设有长安城最大的驿站——都驿亭，

邀请颜真卿的孩子名叫吴本，他的父亲是驿长。驿长，官不大，却很有实权，除了传递公文书信、接送官员、管理贡品，还负责迎接外国使者。

颜真卿拉上弟弟允臧，跟着吴本飞跑而去。每次到吴家，颜真卿最喜欢去吴本父亲的书房，那里有让他心跳加速的东西。书架上摆放着琳琅满目的书籍，书桌上铺着整齐的麻纸，笔架上悬挂着各式各样的毛笔。颜家家境贫寒，尤其是父亲去世之后，更是雪上加霜，根本无力购置像样的纸和笔。

"吴本，你喜欢写字吗？"颜真卿说着话，目光却没有离开笔架。

"唉，别提了，爹爹逼着我每天练字，真是受罪啊！"吴本抱怨说，"对了，真卿，你要是喜欢，我送你一支笔吧？"

"那可不行，我娘说了，不能随便要别人家的东西。"颜真卿连忙拒绝。

"咱们是邻居，又是朋友，那也不行吗？"吴本说。

"我娘说了，只要勤奋练习，什么笔都能写出好字。"颜允臧抢着说道。

走出吴家，真卿和允臧都有些蔫头耷脑，慢吞吞地往家里走去。走过坊里的十字大街，大街西北侧是舅父殷践猷（yóu）家，南侧就是世代居住在这里的颜家了。颜、殷两家世代联姻，颜真卿的父亲颜惟贞娶了殷子敬的女儿，而颜惟贞的大姐颜真定又嫁给殷履直，两家是亲上加亲。

颜惟贞的去世让颜家蒙上了浓重的阴影，好在殷夫人温良贤淑，善于持家，除了想方设法维持家计，她还督促孩子们读书习字，反复叮嘱孩子们要节约用纸，先用淡墨，再用浓墨，正面写完了再写反面。

真卿和弟弟允臧乖巧懂事，小小年纪就知道替母亲分忧。不过从吴家回来，真卿忍不住小声嘀咕说："娘，人家吴本练字都用好纸。"

"是啊，娘，吴本还有紫毫笔，写起字来真带劲！"允臧也在旁边帮腔道。

"胡说！"听了两个儿子的话，殷夫人一改往日的温柔，流露出前所未有的严厉。她将孩子们拉到身前，让他们端正站好。"孩子们，你们知道吗？当年你伯父和父亲练字的时候，连最廉价的纸和笔都没有呢。"

"啊，没有纸和笔，那怎么写字啊？"真卿和允臧面面相觑，似乎觉得很不可思议。

"你祖父去世得早，你们的伯父和父亲寄养在外祖父家，跟着舅父学书法。那时候比现在还穷，买不起纸和笔，兄弟俩就用泥巴涂墙，拿树枝当毛笔。久而久之，不也练出一手好字吗？"

殷夫人想到丈夫小时候的艰辛生活，历尽苦难终于要熬出头了，却又不幸撒手人寰，说着说着眼圈发红，声音有些哽咽。

真卿和允臧看到母亲伤心，吓得连忙扑进母亲怀里，低声说："娘，别哭了，我们知道错了。"

"娘，我们再也不要纸和笔了。"

殷夫人抚摸着孩子们的头，想到家事艰难，孩子们的成长注定不会顺利，更加伤心难抑，眼泪扑簌簌滴落下来，落在两个孩子的头上。

母亲操劳家务，平日里很少有机会亲近孩子，真卿已经久违母亲的怀抱了。他静静地听着母亲的心跳声，眼前浮现出父亲在墙上涂泥写字的情景。

咦，又能玩泥巴，又能练书法，母亲还高兴，真是一举多得啊。想到这里，他连忙拉起允臧的手，蹦蹦跳跳地冲出门去。

"羡门子、阿桀，你们去哪儿？"殷夫人不知道儿子打的什么鬼主意，喊着真卿和允臧的乳名，正要问个究竟，谁知孩子们早已没了踪影。

真卿在地上挖土，允臧笨拙地提来水桶，拿着水瓢，舀水和泥。泥巴和得差不多了，两兄弟各自捧起泥巴，稀里哗啦地抹在坊壁上，很快做成了两尺见方的泥墙。

"阿桀，你去折树枝！"真卿安排道。

允臧从来没有像今天这样听话，乖乖地折来两根树枝，递给真卿一根。两人站直身体，好像面对的不是泥巴墙，而是老师。真卿试探着把树枝伸向墙壁，树枝插进泥巴，却又突然停下了。

"写什么好呢？"真卿问。

"姓名。"允臧说。

"对，我在左边，你在右边。"真卿说。

两人分头写起自己的名字。真卿一气呵成，很

真卿在地上挖土，允臧舀水和泥。两兄弟捧起泥巴抹在坊壁上，很快做成了两尺见方的泥墙。

快就写完了。允臧是个慢性子，刚写完第二个字，突然听到啪的一声，一块泥巴飞来，盖住了自己的字。歪头一看，真卿手捧泥巴，站在他身后。

"你干什么？"允臧生气地问道。

"你太慢了，重来重来。"真卿说。

"哼，写字跟快慢有什么关系，你凭什么毁了我的字？"

允臧气势汹汹地问道，边说边伸出树枝，戳向真卿的胸口。

"你要打架吗？"

真卿也不甘示弱，冲上来就抓住允臧的胳膊。不一会儿，兄弟两个就扭打起来，滚倒在地，谁都不肯让步。

"真卿，允臧！怎么又打起来了？"

听到熟悉的声音，两人知道是伯父，吓得赶紧松手，恭恭敬敬地喊道："伯父。"

"哈哈哈，两个小泥猴！"看到两个侄子满脸满身都是泥巴，颜元孙忍俊不禁，朗声大笑。

"咦，你们这是在做什么？"

"伯父，我们在练字啊。"真卿说。

"伯父，我们学你小时候呢。"允臧说。

"哦，原来如此！你娘告诉你们的吧？"颜元孙看到两个侄子在模仿自己小时候的"黄泥习字"，大为感动。

颜元孙捡起树枝，将墙上的泥巴涂抹均匀，工工整整地写道："天，地，玄，黄，宇，宙，洪，荒。"真卿、允臧在旁边高声诵读。

"很好，咱们从明天开始学习《千字文》，你们先把这两句背熟。"

伯父说完，真卿和允臧捡起地上的树枝，开始在各自的"地盘"上练习起来。

一只断腿鹤

　　每天清晨，随着鼓楼上传来响亮的开门鼓声，长安城里千门万户次第敞开，官员上朝，商人开市，百姓出门，朱雀大街上车水马龙，人流熙来攘往，随处可见模样怪异的外国使者和商人。

　　三月三日是上巳节，全长安人几乎倾城出动，曲江岸边人头攒动，摩肩接踵。富人家都带着美酒佳肴，围聚在树荫花丛间享用。平时很少出门的年轻女子身着盛装，打扮得花枝招展，在侍女的陪伴下游春。

　　二哥颜允南带着三个弟弟——幼舆、真卿、允臧，慢慢地穿过人群，走到曲江池以北的晋昌坊，来到玄奘法师译经的大慈恩寺。抬头看着高耸入云的大雁塔，允南的眼睛里充满了向往。他知道，这里不仅是佛教圣地，更是读书人心心向往的地方，只要考中了进士，那就可以把自己的姓名、籍贯、及第时间刻在大雁塔的石壁上了。

"你们听说过雁塔题名吗？"允南指着大雁塔问弟弟。

"不知道。"弟弟们纷纷摇头。

"每年的新科进士都在大雁塔上刻下自己的名字，这就叫雁塔题名。"允南说道，"你们想不想？"

"想！"

二哥半开玩笑半当真，颜真卿的回答却非常响亮，声音明显盖过了弟弟允臧，也盖过了比自己年长六岁的哥哥幼舆。

"谁在大雁塔题下自己的名字，二哥就请他到西市喝酒。"允南笑着说道，随后又指着雁塔门两侧的石碑说："这是《大唐三藏圣教序》，褚遂良写的。"

颜真卿经常听大人说起初唐三大家欧阳询、虞世南和褚遂良，欧阳询是通化坊的隔世邻居，虞世南又是欧阳询的至交，据说也经常光顾通化坊。算起来，三大家中就只有褚遂良还比较陌生了。

这时候，夕阳正好落在石碑上面，碑文放射出闪闪的金光。颜真卿若有所思，悄无声息地走上前去，仔细端详，轻声朗读石碑上的文字：

"盖闻二仪有像，显覆载以含生。四时无形，潜寒暑以化物。"

文字里的意思似懂非懂，不过那短促有力的线条，那劲秀饱满的字体却有着无穷的魔力，吸引着真卿踮起脚尖，挺直了身体。不知不觉间，他的身体已经贴紧石碑，高高地扬起胳膊，手指落进刻痕，随着笔画轻轻移动。

"引大海之法流，洗尘劳而不竭；传智灯之长焰，皎幽暗而恒明。"

高处的字够不着了，颜真卿仔细地勾画着最后的落款："中书令臣褚遂良"，嘴里念念有词。二哥走过来，伸手弹了下他的后脑勺。

"老十三（颜真卿在家族中排行第十三），看傻了吧？再不回家，坊门都要关了。"

夕阳西下，薄暮笼罩天地，长安城安静下来。

殷践猷学问渊博，性格豁达，平生最爱交朋友，他的朋友足以让通化坊光芒万丈，既有卸任宰相陆象先，也有人称"四明狂客"的大诗人贺知章。别看贺知章已经六十多岁了，却像个老顽童似的，天真烂漫，没有丝毫官气。每次来殷家都会问："羡门子呢，羡门子呢？"好像寻找好久不见的老朋友。

他关心颜真卿，经常带些特别的点心，这一次竟然从袖管里掏出一管毛笔。颜真卿惊呆了，这么好看的毛笔，连吴本家都没有呢。他不由得怦然心动，双手颤抖着接了过来。

"羡门子，你知道吗？这支笔可是大有来头呢！"贺知章捋着胡须说道。

"皇上赏赐的吗？"颜真卿天真地回答。

"哈哈，那倒不是！这是日本国遣唐使阿倍仲麻吕送给我的礼物，我转送给你了。哦，他已经改名叫晁衡了。"贺知章说道。

颜真卿哪里知道什么遣唐使，什么阿倍仲麻吕，连忙谢过贺伯伯，蹦蹦跳跳地出来，只想回家跟兄弟们炫耀。回到院子里，颜真卿看见了家里养的断腿鹤，洁白的羽毛在阳光下闪闪发亮，不由得眉头一皱，想到一个鬼主意。

他饱蘸墨汁，揪住白鹤的翅膀，刷刷刷地写了起来。正写得兴奋，突然听见身后响起一声断喝："十三，你干什么？！"

"我……"颜真卿吓了一跳，毛笔掉落在地。白鹤发出嘎嘎的惊叫声，一瘸一拐地跑开了。

"你知不知道自己在干什么？断腿鹤不能自由飞翔，本来就很可怜了。你非但不爱惜它的羽毛，还这样戏弄它，这岂不是麻木不仁？"二哥允南严厉地说，"罚你三天不能写字！"

允南比真卿年长十五岁，既像兄长，又像父亲，真卿印象中的二哥从来都是和颜悦色，对自己疼爱有加啊。这样的严厉让他又是惊讶，又是羞愧，哇的一声就哭了，边哭边往姑母家跑去。

听了真卿的哭诉，老姑母颜真定忍不住笑了。

"你二哥说得很对啊！曾子说过'夫子之道，忠恕而已矣'，你看这个'恕'字。"说着，姑母在地上写了个大大的"恕"字。"上如下心，就是将心比心的意思。你在白鹤的翅膀上乱涂乱画，逗一时之快，想过白鹤怎么想吗？"

"没想过。"颜真卿低声说道。

"这就是了。孔子说'己所不欲，勿施于人'，也是这个道理。哦，对了，这句话出自《论语·颜渊》篇，伯父教过你吗？"

"嗯，教过。"

"颜回（字子颜，又称颜渊）是孔子最得意的弟子，他去世那年，鲁哀公在大野泽狩猎，猎获一只麒麟。孔子既哀颜子之不寿，又哀文脉之断绝，悲恸地说'天丧予，天丧予'，可见颜子在孔子心里的地位。颜子是我们颜氏的先祖，我们做后辈的，可不能玷污了祖宗的名声。"

颜真卿微微点头，若有所思。颜真定继续说道："孔子曾说颜子'一箪食，一瓢饮，在陋巷，人不堪其忧，回也不改其乐'。姑母希望你记住这句话，无论何时何地，都能像颜子那样甘受清贫，不改其乐。"

"是，姑母。"颜真卿认真地回答。

通化坊四面围墙，四面有门，每天黄昏时，鼓楼上响起六百声闭门鼓，所有坊门必须关闭，是谓宵禁。宵禁之后仍无故出坊行走，如果被巡视的金吾卫发现，要挨二十下笞打。好在通化坊足够宽敞，伯父家、舅父家兄弟众多，大家挑灯夜读，勤奋练字，足以消磨漫漫长夜。

正月十五元宵节，长安全城解除宵禁，普天同庆，那是儿童最欢乐的夜晚。颜真卿和哥哥幼舆、弟弟允臧打着灯笼出门，走街串巷，沿着朱雀大街向南，满街都是喜气洋洋的笑脸。曲江池畔有各种百戏表演，踩高跷、攀竿、胡腾舞、胡旋舞……孩子们最爱看的却是来自西域的幻术。

正看得热闹，颜真卿突然从袖子里掏出钱来，展示给兄弟们。

"看!"

"啊，哪来的钱？"幼舆和允臧兴奋地喊道。

"舅父给的。走，买小吃去。"

说着，颜真卿拉起哥哥和弟弟，冲向点心铺子。钱不多，只够每人买个胡饼，不过这也足够让他们兴奋整夜了。

不料，过完这个元宵节，颜真卿的童年就彻底结束了。舅父不幸去世，殷夫人失去了慈爱的兄长，也没有了经济支撑，感觉天都要塌了。自从丈夫去世之后，家里十个孩子全靠兄长接济和照顾。虽说大伯颜元孙也时常施以援手，可是大伯家里也有五个孩子，生活并不宽裕。

怎么办？

看着孩子们，尤其是三个未成年的孩子，殷夫人只好远赴苏州，求助于老父亲。真卿和允臧都是第一次走出春明门，第一次走出长安，满心都是激动和好奇，哪里能体会母亲的心事。

马蹄声里，长安城渐渐远去，无边的山河扑面而来。

终于在雁塔刻下名字

　　姑苏和长安是完全不同的风貌。这里山清水秀，既有江南的柔和温润，又有深厚的文化氛围。颜真卿很快就适应了姑苏的环境，经常拉着弟弟允臧到处游玩，虎丘就是他们常去的好地方。

　　看着虎丘山上的吴王试剑石，颜真卿小心地把手放进里面，不解地问："阿桀，你说吴王的剑真有这么锋利吗？"

　　"嗯，干将和莫邪铸造宝剑，献给吴王，吴王还不相信，随手一劈，这块石头就成了两半。我看有可能是真的吧？"允臧说道。

　　"我听外公说，吴王下葬的时候，陪葬了三千把宝剑，其中还有鱼肠剑，咱们好好找找，说不定还能找出来呢。"颜真卿说道。

两个人上蹿下跳，掀石头，挖树洞，真的找起宝剑来了。

"哈哈哈，你们两个小家伙，别费心思了。"不知什么时候，外公出现在眼前，看透了他们的心思。

"外公，你怎么来了？"两个孩子停了下来。

"秦始皇和东吴大帝孙权都派兵挖过，你们看见剑池了吗？那就是他们挖出来的大坑。哪有什么宝剑啊？"外公说道。

祖孙三人坐在剑池的石头上说说笑笑，外公从袖子里掏出一把梅干，递给孩子们。真卿和允臧你争我抢，吃得津津有味。外公伸手摸了摸真卿的脑袋，笑着问道："羡门子，你知道你名字的意思吗？"

"不知道啊。"颜真卿老实地回答。

"古人说，谁能吃到四节的灵芝，将来就会做到神仙世界里的高官，那就是真卿了。"外祖父说。

"那，羡门子呢？"颜真卿对自己的乳名始终不解，趁机问道。

"羡门子也是古代的仙人啊。"外祖父说。

"外公，我也要吃仙丹，当神仙。"颜真卿说道。

"哈哈哈哈……神仙本是凡人做，只怕凡人心不坚啊。"外祖父笑着说道。

日子久了，母亲常常念叨着要回长安。因为当时规定，国子监生的年龄在十四岁到十九岁之间，如果不是长安国子监和洛阳"东监"出身，考中进士的可能性微乎其微。母亲害怕耽误儿子的前程，外祖父考验过外孙的学问功底，知道颜家的孩子家学渊源，实在没有必要在国子监里浪费太多时间。他要带着孩子们好好欣赏江南的山山水水，有时泛舟太湖，了解范蠡和西施的传说，有时登临盘门和阊门，听听伍子胥的故事。岁月悠然而过，真卿和允臧静静享受着外祖父的熏陶。

"你们知道吗？汉末以来，江南地区涌现出四位杰出的画家——曹不兴、顾恺之、陆探微、张僧繇。说来也是神奇，这四大家中竟有两人都是姑苏人氏，那顾恺之生于无锡，距此不足百里。曹不兴呢，则是吴兴人，也仅仅隔着太湖而已。"

听着外祖父娓娓道来，颜真卿想起二哥讲过的顾恺之吃甘蔗的故事。顾恺之喜欢甘蔗，每次都是先从苦涩的末梢吃起，最后才吃甘甜的根部，美其名曰"渐入佳境"。

"顾恺之作画以形写神，几百年后仍栩栩如生，那是何等境界！南朝陆探微其实是学习顾恺之的，不过他又精通书法，便以书法入画，最终开辟出新天地。"

颜真卿一边听，一边在心里琢磨着什么是"以形写神"，什么是"书法入画"。

"梁朝张僧繇曾在金陵安乐寺画龙。那天他画了四条龙，张牙舞爪，腾云驾雾，非常逼真，可是没有眼睛。有人觉得奇怪，龙怎能没有眼睛？张僧繇说，画上眼睛，龙就会飞走了。谁也不信，还以为张僧繇吓唬人呢。张僧繇推辞不过，只好提起笔来，给两条龙点上了眼睛。"

真卿和允臧听得出神，目不转睛地盯着外祖父的嘴唇。外祖父继续说道：

"刚刚点上龙眼，刹那间电闪雷鸣，风雨交加，只见那两条点睛之龙撞破墙壁，凌空飞起。至于那两条没有点睛的龙呢，还稳稳地趴在墙上。"

　　"外公，外公，这是真的吗？真的有龙吗？"允臧好奇地问道。

　　"张僧繇画龙实有其事，肯定也画得很好，观者交口相传，越传越神，龙就飞起来了。不过，书画同源，传神都是最高的追求。仓颉造字，象形天地万物，造成之日'天雨粟，鬼夜哭'，那不也是说仓颉造得传神吗？后来，笔画屡经简约，终成今日之字。若是普通人写写画画倒也没什么，我们习字之人，下笔时心里一定要想到这个字的来历，想到天地万物的本源，那就是传神了。"

　　颜真卿听得心潮澎湃，想不到写字这样有学问，想不到自己写字竟然和仓颉造字有了关系，那我能写出"天雨粟，鬼夜哭"的字吗？

　　"到了本朝，姑苏又出了个能书之人。"原来外祖父说了这么多，却是为了引出这个人。"此人名叫张旭，他的母亲陆夫人是逼迫女皇退位的名相张柬之的侄女，也是虞世南的外孙女。"外祖父说道。

"啊！张旭！我好像听贺伯父说过，他的外号叫张颠！"颜真卿惊讶地说。

"哈哈，这个张颠，嗜酒如命，每次喝醉了都是手舞足蹈，狂呼高歌，如癫如狂。别人都是醉了就睡，他却提笔泼墨，一挥而就。他与贺知章、张若虚、包融齐名，将来你可以向他请教。至于会不会收你为徒，那就看你的造化了。"

从此以后，真卿和允臧每天都在外祖父的指导之下勤奋练习，再也不肯偷懒耍滑，书法水平日有进益。

时光飞逝，岁月荏苒。转眼之间，殷夫人和孩子们已经在姑苏住了四年。这时，家中的几个孩子已经长大成人，条件有所改善，加之思子心切，殷夫人便告别老父亲，带上孩子返回京城。

还是来时的道路，不过往日的孩童已经长成了落落青年。殷夫人坐在船舱里，看着甲板上的真卿和允臧，心里倍感欣慰。

正值阳春三月，河堤上绿草茵茵，繁花满树，杨柳随风摇曳，无限多情。河面上樯橹如林，风帆密布，一派繁忙景象。

"哥哥，都说隋炀帝因为开掘运河而亡国，我看不尽然。要是没有这条运河，我们从姑苏到长安，颠也要颠死啦。"允臧大发感慨。

"运河亡国，那是毫无见识的昏话，我倒觉得炀帝此举，必将惠及千载呢。"真卿说道。

回到阔别已久的长安，家人欢聚，自不必说，最重要的事情便是进国子监读太学了。

那天早晨吃过饭，接过母亲递来的书箧，颜真卿转身走向门外。即将迈过门槛的时候，忽然停下脚步，好像想起了什么。他知道母亲在身后望着自己。外面没有风，屋子里也很安静，他听见了母亲的心跳声，还有那声含在嗓子里几欲脱口而出的呼唤："羡门子"。

这就要告别母亲，独自走出通化坊了吗？不知不觉间，泪水已经滑出眼眶，滑落脸颊，落在脚下的土地上无声无息，却又仿佛在他心里荡起层层叠叠的涟漪。

突然，颜真卿转过头来，冲着母亲深深地鞠了一躬，然后不等母亲说话，急忙转过身去，飞快地迈过门槛，快步走过十字大街，走出通化坊。穿过朱雀大街，向东走过开化坊，荐福寺的小雁塔依然高耸入云，经过晨光的涂抹，更加金碧辉煌。

再向北不远就是务本坊了，向往已久的国子监就在这里。

颜真卿从小就打下了坚实的基础，现在条件优渥，时间宽裕，学习起来更是如鱼得水，如虎添翼。除了规定必修的"五经"，他还主动遍览经典，像《孝经》《论语》这样的公共课目，太学规定学期一年，他一个月就能掌握，剩下的时间就用来精研《史记》《汉书》等史籍，以充实自己的学问。

有时会想起二哥说过的雁塔题名。他热切地盼望这一天快快到来，好让年迈的姑母、母亲、伯父为自己骄傲，也好告慰舅父的英灵。

谁知噩耗突然传来，伯父去世了。听到消息的那一刻，颜真卿只觉得天旋地转，久久不能自已。颜真卿四岁丧父，父亲对他来说，只是渺渺茫茫的名字和母亲偶尔讲述的故事，伯父填补了他内心深处父亲的位置，又像循循善诱的老师，教他读书写字。

伯父膝下五子，春卿、杲（gǎo）卿、曜卿、旭卿、茂曾，当时大哥春卿正出任绛州翼城县丞，伯父死于翼城（今属山西）。带着母亲和姑母的嘱托，颜真卿独自赶到翼城，参加了伯父的葬礼。他在心里暗暗发誓，一定要金榜题名，绝不辜负伯父的教养之恩。

开元二十二年（734）夏天，长安城里阴雨连绵，大街小巷泥泞不堪，车马断绝，米价跳着脚地上涨。看着母亲的脸上愁云密布，颜真卿心如刀割，更加渴望在秋天的科考中一举夺魁，也让母亲为自己骄傲，好好过个舒心的晚年。

新任宰相张九龄任用考功员外郎孙逖主持科举考试。对于颜真卿和大多数太学生来说，孙逖的名字如雷贯耳。这个人是了不起的神童，十八岁登科，名动京城。

知道孙逖当考官之后，颜真卿隐隐地预感到自己肯定能高中榜首。等到放榜日，坊门刚刚开启，颜真卿就迫不及待地夺门而出，拔腿冲向礼部。礼部南门外人山人海，每个人都在翘首寻找熟悉的名字。颜真卿也顾不上斯文，努力挤上前，瞪大眼睛寻找自己的名字。本科进士及第者共有二十七人，状元名叫李琚。

"颜真卿！"

看到自己名字的刹那，颜真卿不由得脱口而出。没错，没错，真的是自己。人群还在涌动，当他转过身来的时候，泪水已经打湿了脸颊。

太好了，十几年的苦读没有白费；太好了，母亲、姑母、伯父、舅父的谆谆教导没有辜负。

及第以后，各种事务纷至沓来，国子监里平静的读书岁月一去不回。首先要会同进士拜见座主，也就是主考官孙逖，然后在座主的带领下拜见宰相和中书舍人，称为"过堂"。

颜真卿第一次见到了闻名已久的张九龄，立刻被他的风度折服，满心景仰。随后是名目繁多的宴会，最热闹的当属曲江宴。长安人倾城而出，争睹新科进士们的风采。曲江岸边，人头攒动，达官贵人家的小姐们精心打扮，除了凑热闹，还有个秘不

　　“颜真卿！”看到自己名字的刹那，颜真卿不由得脱口而出。没错，没错，真的是自己。

示人的想法，那就是挑选称心如意的乘龙快婿。哪个姑娘不想嫁个才华横溢的进士呢？

洛阳拜师

　　进士及第，又通过了吏部铨选，颜真卿被授为朝散郎、秘书省著作局校书郎，正式步入仕途。谁知就在春风得意的时候，噩耗却也接二连三地传来。

　　先是八十四岁高龄的老姑母颜真定亡故，不久母亲殷夫人也因病去世。颜真卿正准备在开元政坛大显身手，好好报答母亲和姑母，不料迭逢大丧，只得告假回家，专心为母亲守孝。

　　回到熟悉的通化坊，颜真卿立刻感觉到它是那么沉寂，那么逼仄，曾经的欢声笑语仿佛冻结在岁月深处，曾经高耸的坊墙似乎也变矮了，一切都褪下了鲜亮的外衣，显得衰败不堪。那面被泥巴反复涂抹过的墙壁上仍然留着自己和弟弟的字迹，如今物是人非，兄弟们星散而去，疼爱自己的长辈们也相继故去。年华轮转，现在是自己这代人上场的时候了吗？

好在妻子韦夫人体贴知心，陪伴颜真卿度过了悲伤而又恓惶的日子。这一天，颜真卿正在习字，韦夫人急匆匆地走进书房，递来一封家书。颜真卿连忙拆开，偃师（今属河南）县丞任上的堂兄春卿得了重病，急切想要见他。

几年不见，颜春卿完全变了个人，形容枯槁，眼窝深陷，头发像乱草似的堆在枕头上。曾经风华正茂的大哥变成这番模样，颜真卿心如刀割，泪如雨下，紧紧地抱着春卿的手。

春卿看到真卿，脸上露出从容的笑容，使出全身最后的力气，说道："真卿，想不到我临死之前还能见你一面，很好，很好。"

"大哥，你不要灰心，好好养病，会好起来的。"颜真卿说道。

"我这病，好不了了。真卿，我知道，你比兄弟们都强，一定能够壮大咱们颜家，只可惜……"说到这里，两颗泪珠艰难地滚出颜春卿的眼窝，"只可惜我看不到了。孩子们……托付给你了……"

说完，正当壮年的颜春卿溘然长逝。

颜真卿心如刀割，却又深深地意识到肩上的担子更重了。

颜真卿清楚地记得，大诗人王之涣去世那年，皇帝改年号为天宝（742）。那年七月，名将裴旻（mín）从河北（指河北道，辖今河北大部，河南、山西、北京、天津的一部分）回长安献捷，唐玄宗兴奋不已，赐宴于兴庆宫花萼相辉楼。群臣激动，裴旻也深感荣宠，请求当众舞剑助兴。

那天的宴会吃了什么，颜真卿很快就忘了，然而裴旻时而潇洒凌厉，时而徘徊低沉的剑舞却给他留下了深刻的印象。晚上回到家里，他不停地跟韦夫人描述，还忍不住站起来模仿，只是握惯了笔管的手，实在不适合拿剑，逗得夫人哈哈大笑。

夜深人静，夫人已经安歇，颜真卿披衣下床，来到书桌前，挥毫写下了《赠裴将军》诗：

大君制六合，猛将清九垓。

战马若龙虎，腾凌何壮哉。

将军临八荒，炟赫耀英材。

剑舞若游电，随风萦且回。

……

颜真卿挥洒自如，全然不顾章法，纸上混杂着楷书、行书、草书，字体的大小、长短、肥瘦、斜正也都变化多端。耳边忽然想起外祖父说过的张旭，他不是叫张颠吗？都说他喜欢在醉酒之后写字，是不是也是这样肆无忌惮呢？

端详着这幅游戏之作，颜真卿蓦地感到意兴索然，默默地想道，也不知道我的字有没有长进？要是能亲眼看看张旭写字就好了。

为什么不拜他为师呢？贺知章和张旭是朋友，不难结识。谁知真正见面之后，张旭只跟颜真卿聊些无关紧要的话题，比如长安城里的物价啊，朋友们的去留啊，还有颜真卿担任地方官的体会，至于书法却是只字不提。

颜真卿见自己始终无法走进张旭的心里，知道是时机未到，不过对他更加恭敬，早就暗暗地把张旭当成了自己的老师。

天宝四载（745），颜真卿卸任醴（lǐ）泉（今陕西礼泉）县尉，还在等候下个任期。他信步来到张旭旧宅，却发现人去屋空，连忙去问贺知章，这才知道张旭被裴儆（jìng）请去洛阳，已经一年有余了。左右无事，他决定去洛阳碰碰运气。

大雪过后的洛阳城像一张洁白的宣纸，静静地铺在天地之间。颜真卿牵着马，徐徐走过街市。已经来过两三次洛阳了，只是没有心思好好打量这座长安之外最大的城市，如今仔细观望，赫然发现它的壮美并不逊于长安。

武则天夺位之后，为了躲避反对势力而迁都于洛阳，重新修筑紫微城。女皇自称弥勒佛转世，大兴佛法，不惜重金，建起了被称作万象神宫和通天浮屠的明堂和天堂。

颜真卿远远望着高耸入云的明堂，明堂披着厚厚的白雪，无声地矗立于天地间。砖石不朽，女皇安在哉？

很快来到裴府，仆人引领颜真卿来到张旭寄住的小院。

"每天这个时候，张长史都会睡觉休息。"

仆人正要进去通报，颜真卿连忙拉住了他："不要打扰，你去吧。"

颜真卿静静地站在雪地里，等候张旭醒来。雪花悄然落地，不知不觉就加厚了一层。这让他想起自己和弟弟涂过的泥巴，写满字后再涂一遍，最后统统刮净，重新来过，多么像雪盖住地上的脚印。他和弟弟是这样，小时候的父亲和伯父也是这样吧？他们写过的第一行字又是什么？会不会也是"天地玄黄，宇宙洪荒"？

胡思乱想间，忽然听见门里响起吟诵声。

"隐隐飞桥隔野烟，石矶西畔问渔船。"

这是张旭的名诗《桃花溪》，颜真卿喜爱之极，早已背得滚瓜烂熟，情不自禁地高声接诵道："桃花尽日随流水，洞在清溪何处边。"

吱呀一声，木门开处，身披绵袍的张旭露出头来。

"哦，是清臣啊，快进来吧。"

张旭并不急于跟颜真卿聊写字，心情好的时候就拉着他上街喝酒，或者去白马寺游玩。那天，张旭牵来两匹骏马，叫颜真卿跟上自己，纵马出定鼎门，径直向南疾驰而去。马蹄踏踏，雪花飞扬，颜真卿感到无比痛快，就是不知道要去哪儿。

大约半个时辰，两人来到伊水西侧的龙门山，依次走过自北魏以来建造的石窟寺。那巧夺天工的造像，那庄严和蔼的菩萨，真让颜真卿大开眼界，目不暇接。走过最北端的潜溪寺，走过北魏时期的宾阳三洞，走过琳琅满目的万佛洞，张旭驻足于武则天修建的奉先寺前。中央的卢舍那大佛足足有五丈多高，面容丰腴、形态饱满，正慈眉善目地注视着眼前缓缓流淌的伊水，安详而又亲切。石窟寺中还有两位弟子、两位菩萨、两位天王、两位力士，连同大佛共是九尊，无不栩栩如生。

"看袈裟！"张旭提醒颜真卿。

颜真卿恍然大悟，细细打量大佛身上的通肩式袈裟。无论是衣服的纹理，还是上面的饰物，都与实物无异，仿佛有风吹来便能飘然临空。这可是石头雕刻而成的啊！石头本是至坚至刚之物，经过这番雕琢，竟然变得如此柔和可亲，道家常说"刚柔相济"，世间还有更完美的刚柔相济吗？

颜真卿看得心旌摇荡，张旭在旁边说道："这大佛就是武皇本像呢。"

啊！颜真卿简直不敢相信自己的耳朵，从小就听姑母说过无数遍的女皇竟然就是这沉默无声的大佛？颜真卿愣在那里，良久无语。

"如果把纸当做石头，笔就是石匠手里的刻刀。一刀刀下去，百炼钢化作绕指柔。只有脱胎于刚，那才是带骨的柔，有如奉先寺的卢舍那大佛。"

坐在炉火旁，张旭一边啜饮美酒，一边娓娓道来。

颜真卿第一次听张旭谈及书法，连忙凝神静听，唯恐漏掉一句话，错过一个字。

"最早写字，我的眼里也只有张芝、索靖、钟繇（yáo）、二王，看得越多，陷得越深，无非是横竖撇捺的笔画而已，于是大感苦恼，再难精进。后来在长安酒肆里喝酒，忽然间看到楼下有公主和挑夫争路，两人互不相让，都要先走，结果谁都走

颜真卿第一次听张旭谈及书法，连忙凝神静听，唯恐漏掉一句
话，错过一个字。

不成。初看时我只觉得有趣，再看挑夫的木桶，随着挑夫的脚步左倾右斜，公主的衣袂飘飘扬扬，天啊，这不就是我落在纸上的笔画吗？"

颜真卿紧盯着炉火，眼前浮现出公主和挑夫争路的情景。

"从此以后，我便留心观察街市上的贩夫走卒，感觉天地万物都与书法有了关联。我这才想通了王右军写经换鹅的故事。"张旭继续说道。

颜真卿从小就听过王羲之写经换鹅的故事。山阴县有位老道士，很想得到王羲之写的《黄庭经》，可是王羲之名满天下，怎么会为他写经呢？后来听说王羲之爱鹅，于是精心养了很多白鹅，每天都到王羲之郊游的地方守候。几天后，总算等到王羲之。王羲之看到那群白鹅，激动不已，很想买下来。那道士却不肯卖，跟王羲之说，你只要给我写一卷《黄庭经》，这些鹅统统奉送。王羲之拿出笔墨，当场写就经书，送给道士，欣喜地赶着鹅群回家了。

现在再听张旭说起这个故事，颜真卿立刻意识到这里大有奥妙，王羲之肯定是向鹅学习写字，通过鹅的体态、行走和游泳等姿势，体会执笔、运笔的道理。

转眼间，颜真卿来洛阳已经一个多月了。临行之前，他诚恳地请教笔法。这次，张旭没有哈哈大笑，而是认真地叩问颜真卿对钟繇笔法十二意的理解。颜真卿认真回答，他从旁加以指点。

问答完毕，张旭意犹未尽，继续说道：

"我舅父陆彦远跟我说过八个字，'如锥画沙，如印印泥'。他说这是褚遂良的感悟。为了理解这八个字，我用去了半生，希望你能比我快吧。"

从张旭口中听到褚遂良的名字，颜真卿激动不已。"如锥画沙，如印印泥"，他想起小时候在大雁塔临摹《圣教序》的情景，想来人生真是奇妙！

临别那天，张旭亲自送到大门外。颜真卿深深鞠躬，转过身去，张旭忽然拉住他的手，殷切地嘱咐道："人人都知道欧、虞、褚、薛（唐初四大书法家：欧阳询、虞世南、褚遂良、薛稷），岂不知四大家也是脱胎于王右军，有的只是魏晋风流，却少了大唐的风度。大唐风度，其在子乎？"

书《多宝塔碑》

老伯贺知章八十六岁了，多次请求回归故里，唐玄宗就是不准，后来终于同意他以道士身份回归故里。颜真卿知道之后，清早便赶到宣平坊，帮助贺知章收拾行李，牵着驴车送行。

两人都知道这应该是最后的分别了，从此天涯路远，只怕再没有相逢的机会。颜真卿脚步沉重，几次开口，又怕说出什么伤感的话。

贺知章掀开车帘，注视着颜真卿，缓缓说道："羡门子啊羡门子，就这么一眨眼的工夫，你已经长成了朝廷命官，老夫也成了垂垂老朽。"

"伯父，你说李白是谪仙人，羡门子却说你老才是真正的地上神仙呢。"颜真卿说道。

"好好，羡门子说我是神仙，那我就是神仙啦。"贺知章顿了顿，接着说道，"说来也是巧合，我与你先祖颜师古都做过秘书监，只是他校订五经，注解《汉书》，名山事业，本朝罕有。别看本朝儒、释、道三教合流，说到治国平天下，还是首推孔颜之学，那才是你的本分呢，勉之，勉之！"

走出春明门，唐玄宗、太子李亨率领群臣在长乐坡望春亭设宴送别。皇上格外舍不得这位老臣，不仅再三劝酒，还写下了深情款款的诗句：

> 遗荣期入道，辞老竟抽簪。
> 岂不惜贤达，其如高尚心。
> 寰中得秘要，方外散幽襟。
> 独有青门饯，群英怅别深。

既然皇上做出表率，前来送行的大臣们也都纷纷写了和诗。宰相李林甫这样写道：

> 挂冠知止足，岂独汉疏贤。
> 入道求真侣，辞恩访列仙。

睿文含日月，宸翰动云烟。

鹤驾吴乡远，遥遥南斗边。

　　颜真卿细细品味着李林甫的诗句，再抬头看看他左右逢源、拼命邀宠的样子，心里很是不舒服。送别贺知章归来，他的眼前始终晃动着李林甫的身影，挥之不去。

　　李林甫是皇室宗亲，当今皇帝要管他叫叔父。这个人生性阴柔，精于权谋，人人都知道他"口有蜜，腹有剑"，尤其善于结交宦官和妃嫔，后来买通了玄宗宠爱的武惠妃，得以官拜吏部尚书、同中书门下三品，与裴耀卿、张九龄并列为宰相。

　　张九龄为人正派，常常规谏天子，无奈唐玄宗再也不是锐意进取的开元天子，渐渐听不进逆耳忠言。李林甫趁机大进谗言，赶走张九龄，独揽大权，随后联合武惠妃，诱使皇上处死了三个儿子：太子李瑛、鄂王李瑶、光王李琚。原以为除掉太子，武惠妃的亲生儿子李瑁就会进位为太子，谁知皇上偏偏喜欢杨氏所生的李亨。

害死三王不久，机关算尽的武惠妃也因惊吓过度而死。玄宗寂寞难耐，看中了寿王李瑁的王妃杨玉环，召进皇宫，封为贵妃。可怜的李瑁不但没做成太子，还赔上了夫人。

为了巩固自己的地位，防止担任节度使的文臣回京后当宰相，李林甫劝玄宗改任武将为藩镇节度使，哥舒翰、高仙芝等外藩将领都成为掌控地方军政大权的节度使。这当中晋升最快、最为传奇的当属安禄山。

别看安禄山是一介武夫，头脑却很灵活，舍得花重金贿赂往来的朝廷官员，请他们在皇上和宰相面前多多美言，从而赢得了皇上和李林甫的信任和喜爱。杨贵妃得宠后，安禄山眼见有机可乘，强烈请求拜比自己年轻十六岁的杨贵妃为干娘。以后每次进宫朝见，都是先拜贵妃，再拜天子。唐玄宗觉得奇怪，追问原因。安禄山巧妙地回答："儿臣是胡人，胡人都把母亲放在前头。"

唐玄宗还很高兴，命令杨家兄妹同安禄山结为兄弟姐妹。

杨国忠原本只是杨玉环的从兄，没有血缘，千方百计打通贵妃的关系，迅速成为皇上面前的红人，不到一年时间身兼十五个重要职务，成为朝廷重臣。杨国忠的府邸位于宣阳坊东侧，足足比街西的名将高仙芝家大出两倍，亭台水榭，楼阁池苑，应有尽有。

李林甫、安禄山、杨国忠，携手登上了天宝年间的政治舞台。

正直的人们都看不惯这三大奸臣，唯独唐玄宗沉浸在神仙梦里不肯醒来。也是在这个时候，颜真卿升任监察御史，终于有了进入大明宫的资格。每天早朝，他都要从丹凤门进宫，步行二里路，走到含元殿。含元殿左右两侧是翔鸾阁和栖凤阁。站在殿前，仰望高高矗立的含元殿，感觉如在云端，面对着玉帝的凌霄宝殿。

颜真卿身处权力漩涡，秉持忠义正直的家风，既不阿附杨国忠，也不靠近李林甫。天宝六载（747），李林甫陷害名臣杨慎矜，迫令杨氏三兄弟自尽，家眷全部发配流放，不得留在京城。杨慎矜本是隋炀帝杨广的玄孙，相貌堂堂，富有才干，尤其善于理财。唐玄宗日益奢靡，花费无度，改变原来的守边政策为武力开边，幸亏杨慎矜掌管财政，提供了源源不断的财力支撑。杨慎矜越受重用，李林甫越不舒服，屡屡在皇上耳边恶语相伤，最后给他安上了"复辟隋朝"的罪名。

颜真卿受命到东都宣读诏书，赐杨慎矜的弟弟杨慎名自尽。按照朝廷的规矩，使者读完诏书，罪臣必须当场服毒自尽。杨慎名恳求颜真卿说，家里还有独居的年迈老姐，恐怕我死之后无人照顾，请允许我给她写封遗书。颜真卿知道这是李林甫罗织的冤案，心里同情杨家，于是冒着风险说道：

"杨公，请自便。"

这让杨慎名感激不已。

颜真卿的不合作也招致李林甫的嫉恨，于是被外放为河东、朔方军试覆屯交兵使。对于这次外任，颜真卿欣然就道，远离朝廷上的污秽未尝不是好事，他也正想看看壮丽的大唐山川，见识边地的风土人情。

辗转到达太原，颜真卿听说了一件怪事：一位老妇人去世之后，棺材停放在佛寺里，足足二十九年没有安葬。老妇人本有三个儿子，而且都做了县令、县尉等官，却不为亡母下葬，真是丧尽天良。颜真卿气愤不已，想不到世上还有如此狠心的儿子，竟然安心吃着朝廷俸禄。他当即上书朝廷，剥夺郑氏三兄弟的为官资格，永世不得复用。

三年期满，颜真卿回到长安，升任侍御史。这时，二兄允南任左补阙，两兄弟同在朝廷，家门荣耀。

晚年的唐玄宗变得好大喜功。他让养子王忠嗣攻打吐蕃据守的石堡城，王忠嗣为人诚恳，觉得石堡城地形险固，吐蕃举国而守，即使攻下来也要死伤数万士兵，实在得不偿失。

唐玄宗却不高兴，命哥舒翰接替王忠嗣，率领十几万大军攻破石堡城。事实果如王忠嗣所料，数万士兵命丧荒野。唐玄宗看不见战死沙场的士兵，只是重重奖赏哥舒翰，让他回京报功。哥舒翰端坐在朝廷上大声喧哗，完全不顾朝廷礼仪。颜真卿当然看不惯，愤然上书弹劾。不料玄宗非但没有怪罪哥舒翰，反过来还责骂颜真卿侮辱功臣。

颜真卿大失所望，回到家中，闷闷不乐。韦夫人问起来，颜真卿便详细说了这件事。韦夫人说道："皇上不是从前的皇上了，你还是从前的你。"说者无心，听者有意，颜真卿仔细一想，还真是这样。

杨国忠出身寒微，没什么根基，现在有了哥舒翰做榜样，也想依样画葫芦，打出几件军功，好为自己壮胆，于是鼓动皇上对南诏用兵。两次出兵几十万，惨遭大败，无数士兵稀里糊涂地丧身战场，无数家庭支离破碎。

北方的安禄山也屡启战端，积累军功，再加上李林甫在皇上面前的甜言蜜语，竟然身兼平卢（治所营州，今辽宁朝阳）、范阳（治所幽州，今北京西南）、河东（治所太原，今属山西）三镇节度使，手握几十万雄兵，成为唐朝开国以来从未有过的先例。

唐玄宗对安禄山的宠爱无以复加，为他在宣阳坊以南的亲仁坊修建豪宅，奢侈华丽足以媲美皇宫。仗着杨贵妃养子的身份，安禄山要风有风，要雨有雨。生日那天，皇上和贵妃亲自为他祝寿，大加赏赐。杨贵妃更是别出心裁，非要把干娘的戏份做足不可。她用绸缎缝了个大襁褓，命令宫女和太监裹着安禄山，抬进宫来，说是为婴儿洗浴。长安城里都在传扬这桩宫廷丑闻，玄宗却不以为丑，反倒开怀大笑。

李林甫去世之后，安禄山感觉压在身上的巨石彻底粉碎，放眼天下，舍我其谁？杨国忠当然不能容忍，多次进言说安禄山有谋反的野心。唐玄宗只当做耳旁风，根本不相信安禄山会谋反。

颜真卿人微言轻，无力纠正朝廷的污秽风气，于是勤奋练习书法，用心体会张旭所说的"如锥画沙，如印印泥"，逐渐形成了自己的风格。长安城里，请他题写墓志和碑文的人越来越多。

千福寺的主持楚金法师也来了。

千福寺多宝塔的建成轰动长安，甚至惊动了唐玄宗。玄宗梦见自己登上一座九层宝塔，想看看宝塔叫什么名字，却只发现一个"金"字，醒来后跟近臣打听，得知千福寺有个法师叫楚金。玄宗很高兴，特别召见楚金法师，听说他要建佛塔，当即赏钱五十万、绢千匹，亲笔题写了塔额。

这位楚金法师也不简单。他本姓程，是长安盩厔（zhōu zhì，今作周至）人，母亲生他时梦见过佛祖，九岁那年就送进长安龙兴寺削发为僧，十八岁就成了长安城里有名的禅师。三十岁那年，楚金法师夜诵《法华经》，眼前忽见多宝佛塔，于是发愿建塔，谁知竟应了天子美梦。消息传开后，长安城里的达官贵人纷纷捐钱资助。

落成之日，楚金禅师特别邀请名士岑勋（也就是李白《将进酒》里的"岑夫子"）撰写碑文，请颜真卿书丹（古代刻石有三个步骤，撰文、书丹、勒石，书丹就是用朱砂把文字写在石碑上）。颜真卿早已听说过楚金法师和多宝塔的轶事，再加上岑勋撰文，题写隶书碑额的又是同出张旭门下、比自己年长六岁的大书家徐浩，欣然赶赴安定坊内的千福寺，很快便以楷书写成了《大唐西京千福寺多宝佛塔感应碑》（也称《多宝塔碑》，是颜真卿最有代表性的书法作品，现藏于西安碑林第二室）。

颜真卿很好地消化了张旭所说的刚柔并济之说，落笔沉着刚毅，结构平稳端庄，丰腴而不臃肿，刚毅而不外露，风骨融合秀媚，雄浑不失潇洒，与初唐大家渐行渐远，越来越有"颜体"的味道。

只是皇上昏聩，奸臣肆无忌惮。杨国忠还不如李林甫，凡是不肯依附自己的朝中大臣，都会想方设法地打击排挤。天宝十二载（753），十几位官员同时放了外任，颜真卿被任命为平原（平原郡，今山东德州一带）太守。唐玄宗在蓬莱殿设宴，为即将奔赴地方的官员们饯行，席间又是赋诗，又是赠帛，显示天子的恩宠。

这时，好友岑参刚好从高仙芝幕府回长安奏事，知道颜真卿要去平原上任，送到灞桥，折柳送别。

一路北上，颜真卿的心里百味杂陈。大唐的天空阴云密布，一场暴风雨眼看就要来了。

欺骗安禄山

上任平原太守的第二年，颜真卿接到了老朋友高适发自河西的信，除了热情洋溢的问候，还附有汪洋恣肆的《奉寄平原颜太守》二十韵。

"达夫兄，久违了！"

细细读着高适的来信，颜真卿只觉得春风拂面，心中涌起阵阵暖流，忍不住在心底轻声呼唤高适的名字。回想两人初识的光景，还是开元二十四年（736）的春天，当时自己刚刚通过吏部铨选，可谓春风得意，高适虽然名落孙山，却不失豪情壮志。颜真卿诚心正意、落落如松的气质让高适深深折服，而高适身为布衣、志在千里的豪气也让颜真卿佩服不已。唉，光阴似箭，转眼都快过去二十年了。许久不见，读到高适的新作，那份雄心万丈的豪情依然不减不灭，颜真卿很为朋友高兴。

"皇皇平原守，驷马出关东。银印垂腰下，天书在箧中。自承到官后，高枕扬清风。豪富已低首，遁逃还力农。"

再看高适的赞美之词，颜真卿又觉得愧不敢当。自从走马平原，上任太守之后，他始终兢兢业业，劝农劝学，寻隐访微，努力做个称职的地方官，并没有什么突出的政绩。

这一天，他特意赶到安陵县（今山东德州陵城区一带），寻访处士张镐。张镐身为布衣，却如玉树临风，举止不凡，言谈之间，颜真卿更感觉这个年轻人胸怀大志，识见宏远，于是诚恳地向他请教为官之道。

张镐说道："太守不来看我，我也过得很好。想我平原百姓是如此，天下百姓也是如此，只要官府不打扰，人人都知道怎么过日子。"

颜真卿听了哈哈大笑："张先生说得好啊！你让我想起前辈陆象先说过的话，'天下本无事，庸人自扰之'，说的也是这个道理。"

"陆相公？"张镐问道。

"是啊，我伯父颜元孙、舅父殷践猷都是陆相公的至交，真卿年少之时，时常聆听相公教诲，有些话记在心里，永远忘不了。陆相公还说'为政者理则可矣，何必严刑树威？损人益己，恐非仁恕之道'。适才听先生之言，大有妙趣，可谓心有灵犀。"

这次见面，颜真卿对张镐非常欣赏，于是上书朝廷，推荐他做了左拾遗。张镐犹如大鹏借力，三年后就做到了大唐宰相，那又是颜真卿万万想不到的了。

颜真卿勤于政事，同时密切关注范阳那边的动向，常常感到如履薄冰，如临深渊，好像一块巨石压在胸口。

这块巨石就是安禄山。

安禄山统兵数十万，战马数万匹，正在范阳城北修筑雄武城，看似防御侵略，暗中却在储备兵器和粮草。司马昭之心，路人皆知！明眼人都知道安禄山图谋不轨，唯独皇上还蒙在鼓里，依旧对他宠信有加。

杨国忠多次请求皇上召见安禄山，考验他的忠心。杨国忠说："如果安禄山敢于进京，那说明他心里没鬼；如果不敢进京，那就是谋反的证据。"

唐玄宗耐不住杨国忠的软磨硬泡，只好下诏考验，没想到安禄山真的来了。他急匆匆赶赴华清宫，拜见唐玄宗。玄宗高兴得哈哈大笑，连连夸奖："禄儿是忠臣，禄儿是忠臣啊！"

安禄山一见皇上中了招，不失时机地大倒苦水："陛下，儿臣是外族人，又不识汉字。自从皇上越级提拔儿臣之后，杨国忠就满心嫉妒，非要置我于死地而后快！还请皇上给儿臣做主！"

"禄儿的忠心，朕比谁都清楚，放心吧。"玄宗反过来安慰安禄山，任命他为左仆射。

履行完觐见程序，安禄山不动声色地离开长安，命令沿途准备好船只、水手，一出潼关就每隔十五里换船，星夜兼程，平安回到范阳大本营。

三月底，凯风自南来，天地间是铺天盖地的绿色。颜真卿正和封绍、高篔（yún）等学者在郡衙里编纂《韵海镜源》，抬头看了看窗外，情不自禁地伸了伸懒腰，说道：

"诸公辛苦了，趁着晴天丽日，我们踏青去吧。"

众人齐声说好。正在这时，族弟颜浑急匆匆跑了进来，附在颜真卿耳边说了几句什么。颜真卿脸色骤变，登时跌坐在椅子上。

"颜公，颜公！"

封绍急切地呼唤颜真卿，不知道发生了什么事。良久之后，颜真卿坐正了身体，眼睛扫视面前的学者，缓慢而有力地说道：

"事情不妙啊，适才浑弟说，安禄山急回范阳，看来是等不及了！"

"难道陛下就看不出来？"高篔不解地问道。

"唉，按说咱们做臣子的不该背后乱说，可是事关江山社稷，也就顾不得了。我记得前来平原赴任之前，天子在蓬莱殿赐宴，为即将离京的新太守饯行。席间，天子亲自赋诗相赠，还赏赐了缯帛。皇恩浩荡，当然是没的说，不过我总有奇怪的感觉……"说到这里，颜真卿欲言又止。

"什么感觉?"颜浑问道。

"陛下脸色浮肿,眼神迷离,甚至……甚至有些魂不守舍,说起话来前言不搭后语。最要命的是不知是谁提及安禄山,无非是提醒陛下多加防范而已,不料惹得陛下龙颜大怒,差点儿要将那人处死。后来,凡是有人说安禄山的坏话,陛下都要把人押送范阳,交给安禄山处理,唉!"颜真卿叹息道。

"那我们怎么办?"颜浑也感到事态的严重。

"最初接到来平原的诏令,我只当是杨国忠对我的迫害。如今想来,这是苍天对我颜真卿的考验啊。平原地近范阳,如果安禄山起兵,咱们首当其冲,必须做好万全的防范。你们继续编书,我马上去做布置。"

颜真卿起身赶往大堂,紧急召集录事参军李择交和刁万岁、和琳、徐浩、马相如等人,部署加固城墙、疏浚护城河、登记壮丁、储备粮草等事宜,同时严令众人务必保守秘密,对外只说是防备雨季,又派出得力人手,乔装打扮到范阳,秘密打探安禄山的动向。

安排停当以后，颜真卿干脆做起了"甩手太守"，除了继续编纂《韵海镜源》，偶尔还率领朋友们游山玩水。

这边颜真卿紧锣密鼓做筹备，那边安禄山似乎也嗅出了什么味道，作为"上司"，派人来平原视察工作。河北采访使判官平冽率同监察御史阎宽、李史鱼、宋謇等人，浩浩荡荡地赶往平原郡。

颜真卿不敢怠慢，率领堂兄颜曜卿、族弟颜浑，两位妻弟韦宅相、韦夏有，还有平原郡当地官员萧晋用、李伯鱼、郑悟初等人，出城十里，热情迎接。

那天寒风凛冽，官道两旁的大树伸长着光秃秃的枝丫，刺向昏暗的天空。前几日的积雪已经被碾压得斑斑驳驳，地上印着深深的车辙。几个人不停地跺脚，连呼"受罪，受罪"。颜真卿心中忐忑，并不觉得多么寒冷。他时而眺望官道尽头，时而低头沉思，盘算着自己的计划。

来吧，应该不会有什么破绽了。

"来了！"

不知是谁喊了一声，视线尽头出现了几辆马车，赶车人"驾、驾"的喊声透露出趾高气扬的嚣张。不多时，马车已近，颜真卿快步上前，冲着最前面的马车拱手施礼。

　　"平公远道而来，辛苦辛苦！"

　　车上走出一个年纪不大的官员，首先扫视了一遍众人，然后才看向冲着自己说话的颜真卿，脸上堆出笑容。

　　"颜太守亲自出迎，这叫卑职何以克当！"

　　说话的人正是平冽，随行的阎宽、李史鱼、宋謩等人一一相见行礼，便由颜真卿导引，往城门走去。

　　快到城门时，路旁一座祠庙里传出叮叮当当的响声。平冽非常警觉，竖起耳朵仔细听，眼睛注视着祠庙。

　　颜真卿胸有成竹，知道平冽在想什么，热情地说道：

　　"平公，这里是先汉太中大夫东方朔的祠庙，工匠们正在刻碑，您若是有意，不妨移步过去看看。"

"好说，好说，那就看看吧。"

东方朔是汉武帝时期的名臣，平原厌次（今山东德州）人，西晋名士夏侯湛曾作《东方朔画赞并序》，开元八年（720）韩思复主政平原时，命人刻成石碑。遗憾的是年深日久，字迹早已漫漶不清，颜真卿寻访旧碑，有感于东方朔大隐隐于朝，自贬为苍生的精神，重写《东方朔画赞》，命匠人重新刻碑。

颜真卿热情介绍东方朔的事迹、碑铭的来历和重刻的缘起，平冽打着哈哈，听得心不在焉，只是看到颜真卿题写的碑文，眼前忽然一亮。

"颜太守的字果然名不虚传！雄伟端庄，浑厚挺拔，像欧阳询、虞世南俱是食古不化，终生拘谨于王羲之，哪像颜大人奋翼高飞，超绝千古，这才是大唐气象啊！"

"岂敢，岂敢。平公过誉了。"面对平冽抛来的高帽，颜真卿断然拒绝，他对自己的书法很有信心，却万万不敢想超越欧阳询和虞世南，更不相信安禄山手下走狗能有什么书法造诣，竟敢妄论前贤。

平洌醉翁之意不在酒，知道是无关大局的文人雅趣，看了两眼便转出庙来，继续向前走去，看着修葺一新的城墙，倒是有几分兴趣。

"颜太守，这城墙很牢固啊，新修的吧？"平洌不阴不阳地问道。

"平公有所不知啊，今夏雨水多，城墙多处坍塌，我只好调拨钱粮，重新修葺，好多人还骂我扰民呢。"颜真卿趁机倒起了苦水。

当天夜里，颜真卿安排了隆重的酒宴，为平洌等人接风洗尘。官员和书生们齐声赞颂三镇节度使、新任东平郡王安禄山的"丰功伟绩"。平洌抵不住各种吹捧，开怀畅饮，喝了个不亦乐乎，醉得不省人事。回到范阳后，安禄山问他颜真卿的情况，平洌说颜真卿只是个浮夸书生，喜欢四处留名，不足为虑。

天宝十四载（755），唐玄宗再次召见安禄山。这次安禄山却没有乖乖听话，谎称生病。玄宗觉得事有蹊跷，下诏给他的长子安庆宗赐婚，命令安禄山必须出席观礼。安禄山又借故推辞了。

颜真卿安排了隆重的酒宴，为平冽等人接风洗尘。官员和
书生们齐声赞颂安禄山的"丰功伟绩"。

河北武盟主

　　送走平冽，颜真卿准备亲自奔赴长安，将安禄山的行止奏报天子。不料，安禄山先下手为强，严禁辖区内的地方官随意走动，进京更是不可能了。颜真卿只好写好奏疏，秘密派人送到京城，然而长安那边渺无回音。

　　天寒地冻时节，安禄山悍然起兵，十五万大军遮天蔽日而来。安禄山宣称奉旨讨伐杨国忠，兵锋直指东都洛阳。

　　"安史之乱"就这样爆发了！

　　当时距离大唐开国已经一百三十多年了，除了武则天杀戮异己，以及次第而来的几次政变，帝国腹地几乎不闻兵戈之声，平民百姓不见烽烟战火。尤其是天宝年间，唐玄宗流连于杨贵妃的温柔之乡，不是在兴庆宫的花萼相辉楼日日笙歌，就是在骊山脚下的华清池夜夜欢宴，人人都以为太平永在，盛世常存，哪里想到美梦终将醒来，醒来便是烽火连天。

面对骤然而至的铁蹄，河北官员茫然不知所措，除了投降和归顺安禄山，似乎也没有别的选择。整个河北，只有颜真卿堂兄颜杲卿镇守的常山和颜真卿镇守的平原，依然保持着清醒的头脑。

安禄山路过常山郡（治所在今河北正定）的时候，太守颜杲卿和长史袁履谦深知单凭自己的力量，不足以抵挡安禄山大军，只好前往迎接，含糊其辞地答应了他的要求。

颜杲卿抓紧准备，设计杀死安禄山驻守太行山井陉（xíng）口（位于今河北井陉县北）的李钦凑、高邈等人，并派长子颜泉明和贾深，带上李钦凑的首级去长安。不料刚到太原，节度使王承业便扣留颜泉明，另行派人上奏朝廷，冒充自己的功劳。

颜真卿这边则虚与委蛇，表面服从安禄山的命令，召集平原本部人马和临郡博平（治所在今山东聊城东北）的驻军，合计七千人，防守黄河沿线，实则委派司兵参军李平从小路进京，报告河北形势。

唐玄宗正为河北的沦陷而苦恼，恼恨那么多官员全都没有骨气，望风披靡。如今听说河北终于来了抵抗的消息，玄宗欣喜不已，仿佛拨开沉沉迷雾，看到了希望，连忙派人迎接，特别恩准李平可以骑马直达寝殿。

"咦，这个颜真卿是什么人？我从来没见过，真想不到他有这样的壮举！"看着颜真卿的奏疏，唐玄宗冥思苦想，始终想不起朝廷上还有过这样的人。

官员们哑然失笑。看来皇上真是不记得了，这时距离东门饯别仅仅过去了两年，他就说不认识颜真卿了。当年颜真卿弹劾哥舒翰违反礼仪，曾遭到皇上的当面指斥。他和二兄颜允南同在朝廷为官，多么显眼，皇上都不记得，除了健忘，只能说皇上对于朝政根本不放在心上了。

颜真卿火速招募勇士参军入伍，很快就凑到上万人，由李择交统率，挑选骁勇善战的刁万岁、和琳、徐浩、马相如等人为将领。那天，颜真卿在城门外举行誓师大会，设宴犒劳义军。他高高地举起酒碗，慷慨激昂地说道："安禄山狼子野心，悍然发动叛乱，人神共愤。真卿一介书生，唯有戮力同心，上报圣恩而已！"说完，仰头喝光了一大碗酒，哐地一声，掷碗于地。

看到平日里温文尔雅的太守如此激愤，将士们无不备受鼓舞，一口气喝光碗中烈酒，用力把碗摔在地上。

陶碗破碎的声音撕裂冬日的空气，成千上万名男子汉的吼声响遏浮云，经久不散。

安禄山的大军飞快地渡过黄河，轻松攻破洛阳，杀了誓死不降的东都留守李憕（zhèng）、御史中丞卢奕、判官蒋清，派人带着三颗首级到平原，震慑人心。

看到三位忠臣的首级，颜真卿强忍怒火，故作镇定，告诉大家，这三人的首级是假的，无非是安禄山吓唬人的小花招罢了。然后腰斩了安禄山的使者，并将三人首级藏起来。直到几天之后，人心渐渐安定下来，颜真卿才郑重地取出首级，隆重安葬。

颜杲卿和颜真卿尽力维持，河北十七郡重新回到朝廷的怀抱，于是各地共推颜真卿为盟主，主持大计。安禄山想的是一鼓作气，直捣长安，听到后院起火的消息，被迫在洛阳匆匆称帝，随后派大将史思明、蔡希德找颜杲卿兄弟算账，以求挽救河北的颓势。

颜杲卿困守孤城，苦苦支撑，直到吃完最后一口粮，射出最后一支箭，常山城才被攻破。颜杲卿、袁履谦等人都被押解到洛阳。面对安禄山的威逼利诱，颜杲卿不为所动。颜家世世代代都是唐朝大臣，祖祖辈辈遵奉忠义之道，怎能向叛贼投降？哪怕身受刀剐之刑，颜杲卿和袁履谦仍然骂不绝口，最后壮烈牺牲。包括颜季明、卢逖等人在内，颜家被杀害的足足有三十多口。

兄长被害的消息传到平原，颜真卿伤心欲绝。他为兄长的忠烈之风感动，也为亲人的遇难而悲伤。既然是箭在弦上不得不发，那也只能全力以赴地射向敌人，顾不得身后事了。既然生为大唐之臣，危难之际被放置到前线，也只能像兄长那样拼尽最后的气力。

洛阳失守让唐玄宗既愤怒，又绝望，下旨处死败将高仙芝和封常清，任命哥舒翰驻守潼关。哥舒翰手下士兵虽多，却是临时拼凑，没有经过战阵，根本不是安禄山虎狼之师的对手，只能凭借潼关天险，跟叛军打消耗战。

唐玄宗和杨国忠急于取胜，屡次催促哥舒翰主动出击，哥舒翰按兵不动。

颜真卿被授河北采访使，都督河北各路兵马，正在这时，距离平原不远的清河郡（治所在今河北清河县东南）前来借兵。自从平原首义后，清河率先响应，现在却面临敌军的连番进攻，形势危急。颜真卿犹豫不决，平原郡本身兵也不多，将也不强，实在无力抽调兵力，支援清河。

犹豫之际，清河人李萼前来求见。颜真卿看他是二十来岁的年轻人，开始也没太当回事，然而李萼一开口，颜真卿立刻察觉到这是难得的青年俊才。

"颜公，你可知道清河是天下北库，现在还存有三百多万匹布、八十多万匹帛，至于钱粮兵甲，更是不计其数。如果平原出兵支援，两郡联合抗敌，清河能给平原提供源源不断的军需保障。如果清河落入敌手，那些物资立刻就成为反攻平原的武器啊！"李萼慷慨激昂地说道。

颜真卿倒吸一口凉气，连忙拨出六千兵马，交由李萼指挥。送走李萼的路上，颜真卿向他请教当前局势。

"颜公，独守孤城总不是办法。你应该派人拿下南边的魏郡，打通太行山通道。这样一来，朝廷大军就可以出山西，进河北，彻底切断安贼退路。"李萼通观全局，胸有成竹。"那时，朝廷二十万大军驻守潼关，安禄山进不能进，退不能退，河南各郡再起义兵，不断滋扰蚕食，必然叫叛军内部生乱，自行瓦解。"

军事原本就不是颜真卿的专长，听完李萼的话，不由得茅塞顿开，更加相信安禄山不会成功，朝廷肯定能够战胜叛军。

这时，平原、清河、博平三郡兵马联合，由李择交率领，驻扎在堂邑县（今山东冠县东），按照李萼的战略计划，窥伺南边的魏郡（治所在今河北大名）。李萼想到的问题，安禄山也想到了。他也害怕被切断退路，于是派袁知泰率领两万人马来抵御。双方在堂邑展开激烈的争夺战。经过几天苦战，义军大获全胜，斩首叛军上万人，乘胜收复了魏郡。

"堂邑大捷"鼓舞了义军的士气，却也深深地刺激了史思明，立刻向东杀来。眼看平原抵挡不住，颜真卿连忙派人向北海（北海郡，治所在今山东昌乐一带）太守贺兰进明求助。贺兰进明没让颜真卿失望，亲自率领五千人马渡过黄河，赶到平原。

贺兰进明的到来让颜真卿非常感动，慷慨地让出堂邑大捷的功劳。李择交等将领封赏微薄，清河和博平两郡的参战人员都没有记功。颜真卿自认为是顾全大局，然而这样的举动也寒了将士的心。李萼再三劝阻，还是没有说服颜真卿，一气之下便离开前线，躲进山林做起了隐士。

颜真卿苦苦挽留，李萼执意要走。临别之际，李萼意味深长地说道:"颜公宽厚仁慈,士卒无不感奋效死。不过晚生斗胆进言,您当此要冲之地,若无杀伐决断之力,单凭仁厚恐怕不足以克敌制胜。颜公保重,晚生告辞!"

天宝十五载(756)六月,李光弼、郭子仪越过井陉关,兵进太行山以东,大败叛军。安禄山眼看西进无望,急得就像热锅上的蚂蚁。河北形势大好,潼关那边却出事了,根源在于将相不和。

哥舒翰坐镇潼关,采取坚壁清野的策略,坚决不与叛军正面交锋。叛军想尽办法,在潼关以东摆下迷魂阵,放出老弱病残诱惑唐军。哥舒翰不为所动,杨国忠却上钩了。他鼓动唐玄宗,诬称哥舒翰畏敌如虎,是不是有谋反的迹象?玄宗一天内派出三拨使者,送来措辞严厉的诏书,严令哥舒翰出战。

哥舒翰不能抗旨,却又知道不会有好结果,骑在马上放声痛哭。战斗打响后,唐军被诱进狭窄的山间,早有准备的叛军从山上推下磙木礌石和无数燃烧的草车,刹那间烈焰冲天,浓烟蔽日。唐军立刻陷入混乱，数万士兵滚进黄河。哥舒翰回到潼关清点人数，二十万大军只剩了八千多人。哥舒翰还要继续守住潼关，手下的火拔归仁却将他绑在马背上，强迫他投降了安禄山，常胜将军的英名付之东流。

唐玄宗知道长安不保，带领太子、王子、贵妃及杨国忠等人逃出长安，准备到四川避难。刚刚走到长安以西百余里的马嵬驿，禁军哗变，坚决要求处死奸相杨国忠、杨贵妃，否则不再保护皇上。唐玄宗无计可施，只好含泪处死了杨贵妃、杨国忠等人。

潼关失守，皇帝出逃，郭子仪和李光弼顿时没了主意，只好暂时退入井陉。转眼间，河北又成了叛军的天下。颜真卿正愁势单力薄，无力对抗的时候，平卢那边的官员刘客奴、董秦、王玄志等人合谋杀死了依附安禄山的平卢节度使吕知诲，派人偷偷渡过渤海，与颜真卿联络。

颜真卿犹如拨云见日，喜出望外，为了表达联合抗贼的诚意，他派儿子颜颇为人质，跟随使者去平卢。颜颇只是个十来岁的孩子，懵懂地卷入这场天下大乱，韦夫人当然舍不得，泪水涟涟地哀求，各位将军也苦苦劝说。颜真卿决心已定，坚持送走儿子。谁知一别茫茫，直到几十年后才再度相见。

冬天又来了，天地之间白雪茫茫，一派肃杀。史思明加紧进攻平原。颜真卿自知独木难支，继续抵挡只是徒劳地增加死伤，于是放弃守城，率领几百人趁夜渡过黄河，投奔新成立的朝廷。

字字血泪哭季明

颜真卿举荐的张镐被任命为宰相，兼领河南节度使，前往营救宋州（今河南商丘）。到任之后，他立刻下令濠州（治所在今安徽凤阳）刺史闾丘晓派兵救援。闾丘晓为人傲慢，压根看不起布衣出身的张镐，姗姗来迟。张镐决定以贻误战机的罪名处决闾丘晓。

死到临头了，闾丘晓这才认识到张镐的厉害，再也顾不上什么脸面，扑通跪倒在地，像条癞皮狗似的摇尾乞怜："张相公，我家中还有老母，请饶了我这条贱命，让我回家给母亲养老吧！"

张镐冷笑一声，说道："王昌龄的老母，谁来奉养？"

间丘晓无言以对。

原来大诗人王昌龄路过濠州，间丘晓嫉妒王昌龄的诗才，竟然在席间将他杀害，引起天下公愤。张镐此举，正是为王昌龄的冤魂报仇。

消息传到凤翔（今属陕西）行在，颜真卿也不由得拍手称快。回想起来，他和王昌龄也有过短暂的缘分，当年他刚刚考中进士，王昌龄恰好考中博学宏词科，原以为仕途光明，不料一生坎坷，始终没能受到重用，最后遭此横祸。

按照谋士李泌（bì）的谋略，对付安禄山最好的做法是避免正面决战，收缩防线，等待叛军内部生变。唐肃宗却另有算盘，他在玄宗出逃之时仓促登基，虽说后来玄宗予以认可，毕竟有先斩后奏的意思。玄宗尚在四川，大臣和百姓的心里也抹不去玄宗的影子，何况还有跃跃欲试的诸王。现在他只想尽快做件大事，堵住天下悠悠之口。什么大事最有影响？自然是收复长安和洛阳。于是他断然抛弃李泌的计划，转头与回纥人达成荒唐协议。回纥人出兵助战，收复长安后可以任意抢掠金钱妇女，只要保证土地和百姓归唐就行。

不久，两京重回朝廷之手，安庆绪（安禄山之子）逃到河北邺城。唐肃宗立刻从凤翔迁到长安，奉告宗庙，迎接上皇回京。这时，颜家兄弟之中有三人同在朝廷为官，允南任司封郎中，真卿为宪部尚书兼御史大夫，允臧官至殿中侍御史，兄弟三人同在台省，荣耀一时。

玄宗回到长安，肃宗亲自到郊外迎接，父子相对而泣，互相推让帝位。经过这番颠沛流离，玄宗深感惭愧，对于帝位也没了兴趣，肃宗便坐稳了大明宫，安排玄宗入住南内兴庆宫。

大唐转危为安，似乎很快就会迎来新的中兴局面，颜真卿却因为正直敢言而得罪了新任宰相苗晋卿，被外放为冯翊（翊音yì，冯翊治所在今陕西大荔）太守，不久改为蒲州（治所在今山西永济）刺史。蒲州紧邻黄河，开元年间便是繁华的中都，这里的鹳雀楼因为王之涣的诗句而名扬天下。那天，颜真卿心情大好，数年来压在心头的阴云一扫而光，兴冲冲地登上了鹳雀楼。

他早就听说过王之涣的名作《登鹳雀楼》：

白日依山尽，黄河入海流。

欲穷千里目，更上一层楼。

如今亲临楼顶，眺望不远处的黄河。夕阳洒在平静的河面，泛起金光万点，颜真卿的心里感慨万端，这才是真正的大唐风度啊！

旁边陪同的官员说："使君雅兴，何不赋诗一首，题于壁上？"

颜真卿笑着说："哈哈，王之涣题诗在上头，万难超越，真卿不才，还是别献丑了。"

这是他第二次主政地方，除了继续秉持"天下本无事，庸人自扰之"的原则，力求清简为政，鼓励百姓恢复生产和生活秩序，他还格外注意抚恤老人，修整学校。闲来无事，他也喜欢去普救寺里走走，跟高僧闲谈几句散散心，有时也带上三五好友，走进清幽的五老峰，看飞瀑流泉，观松涛云海，流连忘返。

乾元元年（758）五月，朝廷追赠颜杲卿为太子太保，谥忠节。颜真卿上表谢恩，正为兄长感到欣慰，突然传来了侄子泉明的消息。泉明被太原王承业扣留后，又被史思明俘虏到了范阳，刚刚被释放。

　　泉明到洛阳找到父亲和袁履谦的尸体，以及弟弟季明的头，再到蒲州见叔叔。颜真卿万万没想到还能见到泉明，叔侄二人抱头痛哭，看着季明的头颅，颜真卿又是气愤，又是激动，不由得浑身颤抖，久久不能自已。

　　"泉明，你在蒲州好好休息些时日，再回长安安葬兄长吧。"

　　"叔父，侄儿还不能休息啊。"

　　"为什么？"

　　"姑母家的表妹，还有我女儿至今流落在河北，也不知道她们怎么样了，我想尽快去寻访。"

　　颜泉明孤身返回河北，幸运地找到了表妹和自己的亲生女儿，无奈她们已经被贩卖到别人家，只能拿钱赎回。泉明身上的钱不够，只好先赎表妹，等到凑足了钱，再找自己女儿的时候，却又下落不明了。泉明心痛不已，却也忍住眼泪，带着沿途遇到的其他家族姐妹及父亲部下的亲属共三百多人，赶往蒲州。

这支凄惨的队伍历经艰难，扶老携幼地来到蒲州，颜真卿感动万分，拿出全部积蓄，竭尽全力周济她们。

九月，秋风乍起的时候，泉明准备动身，带着父亲和弟弟季明的遗体回长安。白天，颜真卿恭恭敬敬地为杲卿兄长写了祭文，略作休息。入夜之后，他终于理清思绪，决定再为季明写一篇祭文。季明虽是后辈，他那慷慨赴死的精神却让颜真卿想起了不知所踪的颜颇，他们都是颜家的好儿郎。

颜真卿铺好了纸，慢慢研墨。泉明轻轻地挑了挑灯芯，火焰更亮了。颜真卿抬头看了看窗外，只见皓月当空，皎洁的月光洒满院落。

"泉明，你休息去吧。"

泉明躬身退了出去。

颜真卿坐在椅子上，怔怔地看着包裹着季明头颅的包袱，仰起脸来，目光转向虚空，似无着落，两行清泪却已悄然滑落。窗外虫声唧唧，勾起历历往事，安禄山叛军的铁蹄仿佛正踏着冰天雪地而来，踏碎了他的心，踏碎了开元盛世梦。颜真卿忽

颜真卿忽地站起身来，吹灭灯火，抓起了毛笔，借着冰清
玉洁的月光，落笔写道……

地站起身来，吹灭灯火，抓起了毛笔，借着冰清玉洁的月光，落笔写道：

> 维乾元元年，岁次戊戌，九月庚午朔三日壬辰，第十三从父银青光禄夫使持节、蒲州诸军事、蒲州刺史、上轻车都尉、丹杨县开国侯真卿，以清酌庶羞，祭于亡侄赠赞善大夫季明之灵。（《祭侄赠赞善大夫季明文》〔俗称《祭侄文稿》〕。被誉为"天下第二行书"，现藏于台北故宫博物院）

颜真卿长长地吁了口气，稍作停顿，回过头来，涂掉"从父"，改为"叔"，却没有注意到"银青光禄大夫"丢了个"大"字。

> 惟尔挺生，夙标幼德，宗庙瑚琏，阶庭兰玉。

手在写，眼前却浮现出季明的模样，耳边回荡着他喊叔父的声音。这时的颜真卿只觉得自己独自走过冰面，战战兢兢，茫然不知所之。张长史教过的"笔法十二意"早被抛到九霄云外，更加顾不上什么"如锥画沙，如印印泥"。他不是在书写，仿佛是浑身的血泪沿着笔管流淌，融入月光，流在纸上。

　　天不悔祸，谁为荼毒。念尔遘残，百身何赎。

　　马蹄声、喊杀声、颜颇的哀泣、夫人的哭喊纷纷涌到耳边，杲卿的怒骂、季明的怒目，哦，还有伯父的叮咛，颜家自有风骨，琅琊颜氏家风不坠于地。笔在奔走，仿佛拉着他的手在游走；笔在挣扎，仿佛他在泥潭里苦苦挣扎。

　　写写涂涂，涂涂画画，颜真卿悲愤交加，情不自禁，写完"呜呼哀哉。尚飨"，便再也按捺不住，扔掉毛笔，趴在桌子上放声痛哭。

写出大唐风度

　　历时七年多的"安史之乱"终于平定了，而朝廷上依旧有奸臣当道。依附宦官李辅国飞黄腾达的元载当上了宰相，下令御史、郎官不得单独给皇帝上书，必须首先由各司长官汇总，各司送交宰相，最后由宰相定夺是否奏闻皇上。元载的理由冠冕堂皇，进言过多过繁，陛下不堪其劳，如此等等。

　　颜真卿听到这样的消息，马上联想到李林甫搞的"野无遗贤"闹剧，元载做的无非就是在皇上和群臣之间设置围墙，愚弄天子，控制群臣。他愤怒地写了《论百官论事疏》：元载钳制百官之口，这样的事旷古未有，哪怕李林甫和杨国忠都不敢公然这样做，殷切地奉劝皇上不要闭目塞听，否则日渐孤立，后悔就来不及了。

这篇上疏在百官中间引起强烈共鸣，大家争相传看，盼望皇上能察纳雅言，亲贤远奸。元载恼羞成怒，更把正直敢言的颜真卿看做眼中钉、肉中刺，迅速将他赶出京城。

一天深夜，颜真卿翻来覆去，无法入眠。朝廷上乌烟瘴气，出去走走倒也不是什么坏事，同州（今陕西大荔）刺史、蓬州（今四川仪陇）长史、吉州（今江西吉安）别驾，贬官是越来越低了。他自己可以不在乎，可是孩子们会怎么想？嗯，应该有个交代，好让儿孙知道，我颜真卿争的到底是什么。

想到这里，他披衣下床，踱步到书桌前，点亮灯盏，慢慢地铺开了纸。他想起了兄长杲卿和侄子季明，想起了颜之仪和颜之推兄弟，想起第十三世祖颜含，恪守道义，不肯依附权臣王导，更拒绝强势人物桓温的通婚之请，还有琅琊颜氏的先祖颜回……

一代代人信守家风，没有人让后代蒙羞。

政可守，不可不守。

写下七个字，耳边仿佛响起同僚们质疑的声音："颜鲁公之忠直如魏征，只可惜如今不是贞观年间，奸佞当道，不容于朝廷。"

灯影幢幢，颜真卿轻轻地说道："难道生在贞观年间，魏文贞（文贞是魏征的谥号）才是魏文贞，生在天宝年间，魏文贞就会变成李林甫？真是岂有此理！"

没有人听，他喃喃自语，更像是给自己打气。他蘸了蘸墨，继续写道：

吾去岁中言事得罪，又不能逆道苟时，为千古罪人也。虽贬居远方，终身不耻。（《守政帖》）

颜真卿知道，任凭朝代更迭，颜氏血脉依然流淌，祖先们没有污染河之源，他更不能污染河之流，要让这血缘之河清清白白，流之长远。

走出长安城春明门，告别前来送行的亲友，颜真卿便踏上了长达十余年的贬官之路。自此以后，他怡情山水，醉心林泉，有时寻佛问道，有时放纵诗酒，要以自我化天地，要将生命灌注于笔端。

六月的江南，到处都是碧波荡漾，碧草茵茵。颜真卿乘船到江州，登上庐山，极目远望，感觉心旷神怡，无比舒畅。东晋太元四年（379），慧远大师率领弟子数十人路过浔阳（今江西九江），看到庐山清净，足以息心敛影，江州刺史桓伊便建造东林寺，请慧远主持。自此以后，慧远大师就以东林为道场，潜心修道，率领弟子凿池塘，种莲花，立莲花十二品，分刻昼夜。东林寺成为南方佛教的中心，慕名而来的信仰者络绎不绝，慧远组织起了"白莲社"。

慧远和白莲社的故事，颜真卿早有耳闻，只是先前忙于政事，并未过分留心方外之事。如今漫步东林寺，莲池犹在，莲叶田田，寺后的香炉峰巍然矗立，瀑布飞流直下，激起阵阵水声，让人顿生清净之感。

看到南朝大诗人谢灵运翻译的《涅槃经》贝多梵夹，颜真卿想到他和陶渊明是好友，于是问陪同的僧人：“陶靖节（陶渊明谥号靖节）与我先祖颜延之公私交甚笃，不知他是不是莲社中人？”

“五柳先生并未结社，不过与慧远大师是好友。莲社成立后，大师曾写信延请，靖节公说你那里有酒我就来。大师答应说有酒有酒，靖节公就来了，不过很快就皱眉而去，不知为何。”僧人说道。

“手持山海经，头戴漉酒巾。兴逐孤云外，心随还鸟泯。”颜真卿轻声念诵自己《咏陶渊明》的诗句，忽然说道：“陶靖节闲云野鹤，佛祖也是无可奈何啊。”

颜真卿的爵位已经是正二品的开国郡公，职位却是从五品的别驾，大约朝廷也感觉不妥，于是在颜真卿到吉州上任不久，便升为正四品的抚州（今属江西）刺史。

抚州地处鄱阳湖以南，自古以来人杰地灵，山清水秀，只是境内的汝水时常泛滥，引发洪涝灾害，两岸百姓苦不堪言。颜真卿察访民情，便想好好治理汝水，造福一方。经过多日的实地观察，颜真卿召集百姓，决定在扁担洲修筑石坝。刺史大人身先士卒，背石头，扛木材，累了就跟民夫同吃同喝，完全没有官架子。

当地百姓从没见过这样亲民爱民的官员，人人感奋，个个出力，很快就筑起了石头坝，彻底消除了水患。父老请求为刺史大人立块石碑，颜真卿听了哈哈大笑，说道："我为抚州官，便是抚州人，抚州人为抚州做事，还要树碑立传，岂不是贻笑大方？"

公务之余，颜真卿广邀文人墨客，诗酒唱和。他取出闲置已久的《韵海镜源》。"安史之乱"前夕，这部巨著已经编完五十卷，距离竣稿尚遥遥无期，现在时间宽裕，终于可以重新开始了，抚州文人左辅元、姜如璧等都是有名的才子，也来帮忙。

一天清晨，颜真卿起床后正在郡斋院子里踱步，有位衙役急匆匆跑来，气喘吁吁地喊道："颜刺史，快，不好了，有人击鼓鸣冤……"

击鼓鸣冤的一般都有很大的冤情，颜真卿连忙穿好官服，匆匆赶到衙门。升堂之后，颜真卿才明白，原来告状人是抚州本地儒生杨志坚的妻子，看不惯丈夫日夜苦读，弄得家中生计越发窘困，坚决要求离婚。

杨妻递给颜真卿一张纸笺，上面工工整整地写了一首七律：

> 生平志业在琴诗，头上如今有二丝。
>
> 渔父尚知溪谷暗，山妻不信出身迟。
>
> 荆钗任意撩新鬓，明镜从他别画眉。
>
> 今日便同行路客，相逢即是下山时。

"这首诗出自杨志坚之手吗？"颜真卿问道。

"是。"杨妻低头回答。

"除了读书好学，你丈夫还有没有别的过错？"

"没有。"

"你要改嫁，他也同意，本官当然不能阻拦。"

"多谢明公成全。"杨妻喜滋滋地说道。

"来人啊！该妇嫌贫爱富，败坏名节，恶辱乡间，伤风害俗，判罚二十杖。领受完刑杖，改嫁去吧。"

"啊，饶了我吧！"刚才还得意扬扬的杨妻嚎啕大哭，哀求饶命。

"古人说结发为夫妻，恩爱两不疑，人人都如你这般刁蛮，抚州士人还能安心向学吗？来人，即刻去传儒生杨志坚，本刺史要赏赐绢、布各二十匹，米二十石，还要请他做我的幕僚。"

这场离婚闹剧赢得了满堂喝彩，当地百姓都说颜大人赏罚得宜，足以惩恶扬善。

抚州的名山之中多建道观，浓郁的道教风气唤醒了颜真卿心里的道教情怀，眼前时常浮现出外公给他解释名字的往事。那时还在姑苏，外公和母亲也都健在，他是小小少年，还可以胡说又胡闹。"外公，我也要吃仙丹。"外公爽朗的笑声仿佛隔着厚厚的岁月之幕，传到耳边。

自从来到抚州，颜真卿总是不期然地听到麻姑山和各种玄妙莫测的传说。闲来无事，他带上知己好友，登览临川南城的麻姑山。山中峰峦叠嶂，烟云纵横。登上仙都观，遥望群山，但见五峰耸立，烟霞袅袅。五峰又以丹霞峰为主峰，峰中有洞名曰丹霞洞。洞外溪水潺潺，洞内却深不可测，洞外有洞，洞内有天，真是洞天福地。

更动人的是这里的神仙传说。很早以前，丹霞洞里住着一位老妇人，采集野果充饥，不吃人间五谷，渴了就喝山泉水。有一天，老妇人正在洞内睡觉，洞外忽然响起霹雷似的巨响。她来到洞口观望，依稀看到天上落下三颗明珠，径直落入自己的肚子。老妇人吓了一跳，忽然醒来，原来是做了个梦。说也奇怪，从那之后，老妇人竟然怀了身孕。她年轻时从未婚嫁，谁知老来竟然有了身孕。战战兢兢十个月，顺利生下三个女儿，分别取名为麻姑、从姑、毕姑。孩子们长大之后，分山而居，就有了三座仙山——麻姑山、从姑山、毕姑山。

东汉桓帝时候，神仙王方平下凡到了蔡经家，麻姑也来相会，随身带来金盘玉杯和各种花果，香气满室。她又给大家分肉，说是麒麟肉干。蔡经看麻姑只是个十七八岁的姑娘，谁知麻姑跟王方平说："分别以后，我看到东海三次变为桑田。刚才路过蓬莱仙岛，我看见东海水又变浅了，难道又要变成陆地吗？"王方平笑着说道："圣人说东海又要干涸，扬起尘土呢！"

沧海桑田，东海扬尘，看似荒诞不经的故事，却又藏着深深的道理。颜真卿看着满眼的风景，回想"安史之乱"这些年，那不正是沧海变桑田吗？

抚州刺史任满，等候任命的时候，颜真卿趁着天清气爽，第四次上麻姑山散心。道士谭仙岩、史玄洞等人恳请颜真卿留下墨宝，颜真卿心情大好，欣然应允，于是在半山亭中燃檀香，设几案，挥毫写下了《麻姑山仙坛记》（上海博物馆藏有大字拓本，故宫博物院藏有宋代小字拓本）。

麻姑者，葛稚川《神仙传》云：王远，字方平……

落墨之后，颜真卿浑然忘记自己身在何处，何人为伴，走进他心里的人是张旭，是褚遂良，是王羲之。他想起张旭告诫自己的大唐气度，细细揣摩，慢慢移动手腕。东晋人的字法是左紧右舒，耸立右肩，故作欹态，妍媚有余，却少风骨。嗯，我要挣脱束缚，破壁而出，写出大唐的端正豪迈，于是力求左右对称，平稳端正，好让字体舒展阔大，结构宽绰。也许是山中仙气滋养心肺，也许是六十耳顺之年让人心气平和，更近乎中庸之道，犹如黄河出潼关，喧嚣之声退去，静静流淌之中包含着自信的力量。颜真卿胸胆开张，挥洒自如。再看他的笔端，面貌与《多宝塔碑》已经大不相同，每个字都沉稳雄厚，锋芒内敛，却又大气磅礴，包含千钧之力。

"满目烟霞，毫无人间烟火之气！"眼看颜真卿快要收笔，众人齐声喝彩，谭仙岩情不自禁地赞叹。

"鲁公此书，尽得风流，行迈当世！"左辅元说道。

"左兄想来也懂书法，来，不妨写一写。"姜如璧笑着说道。

"姜兄此言差矣。君不闻张怀瓘（唐代书法家、书学理论家）曾引太史公论书法，说'能行之者未必能言，能言之者未必能行'。鲁公是行之者，我是言之者。"左辅元自我解嘲道。

颜真卿听了，哈哈大笑。

正当颜真卿准备返回京城的时候，老朋友元结派人送信来了。

元结比颜真卿年轻十岁，两人堪称忘年交。他曾两度出任道州（今湖南道县）刺史，乘船经过祁阳时，看到溪水清幽可爱，顺手将一条无名小溪叫做"浯溪"，后来几番重临，发现岸边石壁阔大平整，实在是书家用武之地。他想到颜真卿正在抚州，便竭力邀请他来为自己作于十年之前的《大唐中兴颂》书丹刻石，共襄盛举。

颜真卿犹豫不决。去吧，从抚州到祁阳千里迢迢，携家带口很不方便，而且夫人身体欠佳，怕是受不了舟车劳顿；不去吧，元结信中盛赞浯溪山水绝佳，只可惜绝妙的石壁上空空如也，如果能以颜真卿之手笔，书写元次山之雄文，岂不是流芳千古的"三绝"？

想来想去，颜真卿决定安排家眷取水道，沿赣江顺流而下，经湖口入长江，再从扬州北上，到洛阳等候自己。他则带上跟随自己多年，专门刻石的家童，日夜赶赴祁阳。

颜真卿的到来让元结欣喜不已，备下丰盛的酒宴殷勤招待。席间，两人谈论别来往事，免不了一番感慨。元结告诉颜真卿，杜甫死了。去年冬天，杜甫从耒阳去潭州（今湖南长沙），本想返回洛阳，不料竟暴死于舟中。

这个消息让颜真卿震惊不已，虽然他和杜甫并无深交，可是他于年初得到消息，好友岑参也在去年死于成都，难道是冥冥之中早有注定？两人一边饮酒，一边屈指盘算，张九龄、高适、李白、杜甫、岑参、王维、孟浩然、王昌龄、王之涣、李华、萧颖士、常建……熟悉的诗人朋友都已不在人世了！

说话间，泪水模糊了两人的眼睛。元结举起竹筷，轻轻敲打桌子，敲出缓慢的节奏，同时吟诵起杜甫的《饮中八仙歌》，颜真卿也随声附和。

知章骑马似乘船，眼花落井水底眠。汝阳三斗始朝天，道逢麴车口流涎，恨不移封向酒泉。左相日兴费万钱，饮如长鲸吸百川，衔杯乐圣称避贤。宗之潇洒美少年，举觞白眼望青天，皎如玉树临风前。苏晋长斋绣佛前，醉中往往爱逃禅。李白斗酒诗百篇，长安市上酒家眠，天子呼来不上船，自称臣是酒中仙。张旭三杯草圣传，脱帽露顶王公前，挥毫落纸如云烟。焦遂五斗方卓然，高谈雄辩惊四筵。

那些熟悉的名字，长安城里的八位仙人：贺知章、李琎、李适之、崔宗之、苏晋、李白、张旭、焦遂，一张张面孔依然鲜活，仿佛就在眼前，如今都已成了天上的星辰。

这首诗真的成了大唐盛世的绝唱，他们几乎就是最后的见证人。

夜里，独自躺在客舍，颜真卿睡意全无。清风习习，吹走夏夜的暑热。明天要去浯溪书丹了，他预感到这是非同寻常的作品，必须做好万全的准备，何不趁着微薄的酒意试写一遍？

他取出元结的《大唐中兴颂》（故宫博物院藏有宋代拓本）大声朗读，同时在心底酝酿笔法，体会其意蕴。

颜真卿取出元结的《大唐中兴颂》大声朗读，同时在心底酝酿笔法，体会其意蕴。

天宝十四年，安禄山陷洛阳。明年，陷长安，天子幸蜀，太子即位于灵武。明年，皇帝移军凤翔。其年复两京，上皇还京师。於戏！前代帝王有盛德大业者，必见于歌颂。若今歌颂大业，刻之金石，非老于文学，其谁宜为？

往事历历在目，金戈铁马之声犹然在耳。一切都结束了，一切也要重新开始，大唐应该中兴，大唐必定中兴。他铺开大纸，抓过毛笔，徐徐写道：

金紫光禄大夫前行抚州刺史上柱国鲁郡开国公。

这是镌刻在山河之上的文字，这是告诉后代的文字，一定要雄伟豪放，一定要气势磅礴。颜真卿挽起衣袖，瞪大眼睛，身体几乎匍匐在纸上了，每个字都倾尽全身的气力。天地无声，万籁俱寂，六十三岁的他已与笔墨交融无间。他的手腕，时而如潜龙在渊，笔端在纸上缓缓拖动，时而如飞龙在天，墨汁在纸上荡起涟漪。仿佛笔在自行挥洒，握笔之人心神俱醉。

他是大唐的精灵，开元的魂魄。一滴滴墨汁铺洒，一笔一画落地生根，傲然屹立在天地间，一个个汉字落地成人，静候万古宇宙的检视。长安城通化坊的少年，静静地依靠在大慈恩寺的门上，小手触摸着褚遂良的笔画，眼睛忘了眨，心也忘了跳；洛阳城里的青年，跟着草圣张旭走过街头，看着剑圣裴旻和画圣吴道子的技艺相搏，目瞪口呆，心跳加快。

"如锥画沙，如印印泥！"短短八个字，今时今日才豁然于胸。今时今日，他自己也活成了锥子，一步步划过沙滩，留下深深的脚印。他就是印章本身，端端正正，理直气壮地在大唐画布上印下自己的形影。

江南文盟主

　　宰相元载越来越专横骄纵。长安城南北都有他的别墅，规模宏大，装饰豪华，比皇宫有过之而无不及，蓄养歌姬伶人，夜夜笙歌。他为人阴险刻薄，凡是得罪过他的人，绝对没有好下场。那篇《论百官论事疏》让他咬牙切齿，恨透了颜真卿，只要他还当权，颜真卿就别想重返京城。

　　大历八年（773）的春节刚刚过完，颜真卿再次踏上南下的路程。这次要赴任的是湖州刺史。湖州（今属浙江）是江南大郡，地处太湖之滨，与姑苏相去不远，颜真卿少年时代就有耳闻。这里是鱼米之乡，百姓生活富庶，人文荟萃。听到任命之后，颜真卿不但没有遗憾，反倒很高兴。

同行的家人很多，二子颜頵（jūn）、三子颜硕也都同船随侍。颜頵已经凭借过人的才华考中了进士，只是尚未通过吏部铨选，眼看元载当权乱政，也就无心上进，跟随父亲研习翰墨。

刚刚在湖州安顿下来，一个人的到来让颜真卿喜不自禁。那天，他正在读书，门人来报"李萼来访"。颜真卿愣了一下，很快就明白过来，顾不上整理衣衫，径直冲出大门，拉起李萼的手放声大笑，笑声停下来的时候，已经是满脸泪痕了。

平原初相见，李萼还是二十出头的年轻人。湖州再相逢，青丝变白发，他都快到知天命之年了。两人说起平原守城时的故人，李择交、刁万岁、和琳……感慨良多。

"平原故旧，我最欣赏两个人，一个是张镐张相公，可惜他已故去十年了。另一个就是你啊，运筹帷幄之中，决胜千里之外，你的才华不亚于张镐。若是埋没于陇亩之间，那太可惜了。待我表奏皇上，一定要让你人尽其才。"颜真卿真诚地说道。

"鲁公，还是算了吧。经过这场大乱，我于朝廷之事也看得淡了，没有安禄山、史思明，还有李辅国、鱼朝恩，他们都死了，当今宰相又……哈哈，不可说，不可说啊。"李萼顿了顿，继续说道："这些年我隐居乡间，读书教子，也别有情味。听闻鲁公来到湖州，我忍不住前来找寻。江南山水，五湖烟景，我们何不学那王右军，也做兰亭之会呢？"

"兰亭之会？妙极，妙极！"颜真卿眼前仿佛浮现出王羲之在兰亭曲水流觞的情景，忍不住连声喝彩。

颜鲁公的到任轰动了湖州和附近的州县，文人学士慕名而来，或是应聘幕僚，或是学书问字。吴兴世族沈怡特来登门拜访，恳请颜真卿撰写《吴兴沈氏述祖德记》。

颜真卿早就听说先祖颜含迁居江南后，曾与吴兴沈氏联姻，说起来两姓还有通婚之好，于是慷慨应允，挥毫而就。

说来也巧，沈怡前脚刚走，皇上的密诏就来到了湖州。代宗皇帝让颜真卿秘密寻访一个人，一个女人。

这个女人出身于吴兴（今浙江湖州）沈氏，当地百姓传闻她的芳名叫作沈珍珠，开元末年以良家子的身份备选东宫，当时还是太子的肃宗将沈氏赏给了广平王李豫，也就是当今天子唐代宗。沈氏和广平王成为结发夫妻，感情匪浅，天宝元年生下皇曾孙李适。

"安史之乱"爆发后，唐玄宗带领皇子皇孙和嫔妃们仓皇出逃，不知何故，沈氏却流落到了东都洛阳，被叛军关押在掖庭。肃宗即位后，封广平王李豫为天下兵马大元帅，打下洛阳后找到了沈氏。戎马倥偬之际，广平王继续讨伐叛军，没有带走沈氏。叛军再度攻陷洛阳，沈氏又遭关押。李豫即位，任命沈氏之子李适为天下兵马大元帅，二度收回东都。李适几乎翻遍了整个洛阳，始终没有发现沈氏的下落。被立为皇太子后，李适寻母之心更加迫切，代宗四处派人寻访。

现在，诏书下到了湖州。这里本是沈氏的家乡，落难之际，人最容易回归故乡，因此皇上和太子都对颜真卿寄予很大的期望。

颜真卿不敢怠慢，就把事情交给李萼，让他带着颜硕仔细查访，如果能打听到沈氏的消息，那自然是功德无量的好事。

李萼带着颜硕秘密拜会沈怡，走访了所有姓沈的大户人家，有时也去茶楼酒肆闲逛，看看有没有沈贵妃的消息。半个月下来，毫无所获，颜真卿便据实上奏，这件事也就告一段落。

随后，颜真卿保举李萼为湖州防御副使，负责开垦田地等事务，任命校书郎权器和前大理寺直杨昱为判官，负责阅簿、检吏等事务。一番整治下来，湖州境内秩序井然，百姓安居乐业，学校书声琅琅，街衢之间车水马龙，四州八郡的商贾纷纷涌入，本已发达的蚕桑丝织业更加繁盛。

颜真卿的心态彻底放轻松了，他喜欢带领文人雅士举行诗会。最为知名的文人有谢灵运的十世孙僧皎然，精于茶道的狂生陆羽，上清教道士吴筠，兄弟三人同年考中进士的"三杨"：杨凭、杨凝、杨凌，还有吕渭、刘全白、张荐、萧存、柳中庸等人。

后辈当中，颜真卿格外垂青萧存和柳中庸。萧存是萧颖士之子，柳中庸是萧颖士的女婿，两人都很有才华。颜真卿不由得想起了萧颖士，感慨地说道："令尊当年不肯阿附李林甫，又预见安禄山必反，远见卓识为当世罕见啊！"

乌程县西南有杼山，谢灵运、鲍照等六朝文人都曾在这里留下歌咏诗篇，山上还有南朝梁武帝亲自命名的妙喜寺。陆羽和皎然早在二十年前便已相识于此，并在这里完成了茶学巨著《茶经》。应陆羽和皎然之邀，颜真卿在妙喜寺设置书堂，编纂《韵海镜源》。浙西观察判官、殿中侍御史袁高前来湖州巡视，颜真卿邀请他登临杼山，请陆羽主持在山之东南立亭，命名为三癸亭。

经过一年的艰辛工作，《韵海镜源》在妙喜寺招隐院大功告成！全书共计三百六十卷，肇始于长安，中断于"安史之乱"，随后跟随颜真卿南来北往，前后耗时二十年，可以说是颜真卿书法之外最为倾注心血的大工程。颜真卿当即命颜頵亲自护送到京城，献于朝廷，藏诸秘阁。

那天午后，陆羽兴冲冲地走进招隐院，手里举着一张纸。

"鲁公，请你看看这首诗！"陆羽高兴地说道。

李萼、张荐、崔万等人围住陆羽，从他手里抢过诗稿，有人高声念诵起来——《送陆鸿渐山人采茶回》：

千峰待逋客，香茗复丛生。

采摘知深处，烟霞羡独行。

幽期山寺远，野饭石泉清。

寂寂燃灯夜，相思一磬声。

诗自然是好诗，作者又是谁呢？陆羽回答说是皇甫曾。听到这个名字，颜真卿眼前一亮。皇甫曾是王维的门生，与乃兄皇甫冉俱有诗名。

"孝常在哪里？"颜真卿急切地问道。

"远在天边，近在眼前！"陆羽好像就等颜真卿这样问了，冲着门口大声说道："孝常兄，请进来吧。"

皇甫曾推门而入，颜真卿快步迎了上去，拉起他的手，高兴地说：

"润州才子大驾光临，真让我们招隐院蓬荜生辉啊。孝常啊，你来得正好，我们的《韵海镜源》刚刚送往长安，正想大张宴席，犒劳大家。择日不如撞日，那就今天晚上吧。诸位意下如何？"

众人听了，欢声雷动。皇甫曾谦逊地鞠躬道谢。

颜真卿平日并不喜欢喝酒，但是这次亲朋好友聚集了五十多人，都是难得的青年俊才，真有王羲之兰亭之会的意思，不由得开怀畅饮，来者不拒。颜硕难得看到父亲这样高兴，也就不再阻拦了。

"孝常千里赴会，我要赠诗一首。"颜真卿举起酒杯，来到皇甫曾面前。皇甫曾连忙举杯起立，众人侧耳倾听，颜真卿徐徐吟道：

> 顶持宪简推高步，独占诗流横素波。
>
> 不是中情深惠好，谁能千里远经过。

众人纷纷喝彩，皇甫曾听出颜真卿的深情厚

谊，喃喃重复着"不是中情深惠好，谁能千里远经过"，内心感动不已。

"孝常兄大才，岂能没有唱和？"陆羽在旁说道。

皇甫曾略作思忖，念出自己的和诗："诗书宛似陪康乐，少长还同宴永和。夜酌此时看碾玉，晨趋几日重鸣珂。"

他将颜真卿比作纵情山水的谢灵运，又将此次杼山之会比作永和九年的兰亭雅集。颜真卿连称不敢当，不敢当。席间，颜真卿又向吴筠请教丹药之事："我常听说魏晋之人多服五石散，不知可有奇效？"

吴筠笑着说道："魏晋以来，服食五石散之人可谓多矣，羽化登仙者又有几人？常人汲汲于炉火，孜孜于草木，财屡空于八石，药难效于三关。不知金液待诀于灵人，芝英必滋于道气。莫究其本，务之于末，竟无所就。今日多见外丹之荒谬，遂求之于内丹，依我看鲁公是自有内丹之真人。"

"我，我哪有什么内丹哟？"颜真卿笑着说道。

"哎，怎么没有？颜公正气在心，书法便是你的丹药，你是王右军转世的真神仙！"陆羽在旁打趣道。

"你把我比作王右军，那是万万不敢当的。"颜真卿说。

"鲁公过谦了。我虽眼拙，却也知道当今之世，徐浩和颜鲁公最得王右军之风流，不过徐浩只得到了王羲之的皮肤眼鼻，看起来很相似，其实相去甚远。颜鲁公的字，初看并不像王右军，其实那是得了王羲之的筋骨和肺腑，胜在意境。"

"鸿渐（陆羽字鸿渐）兄高论。"皎然接着说道，"我常以意境之说论诗，鸿渐以之论书，竟也如此契合。鲁公之书行迈当代，实在是我大唐的风骨！"

吴筠、陆羽、皎然都是各自领域的创见之人，听了他们的宏论，众人都觉得大饱耳福，大开眼界。李萼笑着说道：

"照这样说来，鸿渐兄的丹药便是茶了。"

说笑之间，明月已经升到中天，照耀着山林间醉意朦胧的人们。他们或站或卧，或坐或靠，早已抛掉了白日里的规矩礼仪，竟有些放浪形骸，竹林之游的味道了。

陆羽汲来山泉水，为众人烹茶。水入茶碗，冲出茶香，茶香飘飘荡荡，萦绕在众人的鼻尖。

"李太白对酒邀月，我们对月啜茶，何不来个啜茶联句呢。"嘉兴尉陆士修提议道。

"这个主意好啊，将来请李萼编成《吴兴集》，既不枉了天上明月，也不白费鸿渐的茶，也教千百年后人知道，今时今日在杼山，我等也曾痛饮酒，啜茗茶。士修，你就起句吧。"颜真卿说道。

> 泛花邀坐客，代饮引情言。（陆士修）
>
> 醒酒宜华席，留僧想独园。（张荐）
>
> 不须攀月桂，何假树庭萱。（李萼）
>
> 御史秋风劲，尚书北斗尊。（崔万）
>
> 流华净肌骨，疏瀹（yuè）涤心原。（颜真卿）
>
> 不似春醪醉，何辞绿菽繁。（皎然）
>
> 素瓷传静夜，芳气清闲轩。（陆士修）

《月夜啜茶联句》已毕，众人都觉不尽兴，颜真卿建议大家丢下文质彬彬，放肆起来，说些大话和醉话，于是就有了《醉语联句》和《大言联句》。

《醉语联句》：

> 逢糟遇曲便酩酊。（刘全白）
> 覆车坠马皆不醒。（颜真卿）
> 倒著接䍦（lí）发垂领。（皎然）
> 狂心乱语无人并。（陆羽）

《大言联句》：

> 高歌阆风步瀛洲。（皎然）
> 燀（tán）鹏爝（yuè）鲲餐未休。（颜真卿）
> 四方上下无外头。（李萼）
> 一啜顿涸沧溟流。（张荐）

那天夜里，直到明月西沉，众人才觉得醉意叠着睡意，渐渐支撑不住。

"安史之乱，颜鲁公主盟河北，对抗叛贼，今天就继续做我们的盟主吧。"有人说道。

"前为武盟主，今为文盟主，趣味不同，也是各领风骚了。"颜真卿欣然应允。

父子终团圆

　　霅（zhà）溪岸边的白蘋（pín）洲风景如画，是游赏胜地。相传梁吴兴太守柳恽曾在此游赏，写了脍炙人口的《江南曲》：

> 汀洲采白蘋，日暮江南春。
> 洞庭有归客，潇湘逢故人。
> 故人何不返？春华复应晚。
> 不道新知乐，只言行路远。

　　柳恽出自河东柳氏，正是柳中庸的先祖。颜真卿曾打趣地说道："中庸啊，你这位先祖真是人中之龙，除了诗写得好，还擅长弈棋，写过《棋品》，又善于弹琴，医术也精湛，梁武帝都说'分其才艺，足了十人'。真让人佩服！"

柳中庸笑着说道："如此说来，晚生实在是愧对先祖了。"

"那也不尽然，河东柳氏代代出英才，这都是得益于好家风。像东晋的谢家，自谢安以来，一门九人都做过吴兴太守，想来这吴兴太守是好官啊。我能忝列其中，实在是无上荣幸。我读《南史·柳恽传》，尤其记得这句话：'为政清静，人吏怀之。'做到当真不易。"说到这里，颜真卿轻轻地叹了口气。

"鲁公素来秉持'天下本无事，庸人自扰之'，立身清廉，为政以简，看来好官都是相通的。"柳中庸发自真心地说道。

"哈哈，中庸说我是好官，那我就心满意足了。"颜真卿笑着说。

白蘋洲上有柳恽亲自修建的八角亭和茅亭，虽已破败，犹能看出前代风貌，颜真卿酷爱白蘋洲风景，派人重新翻修，又建起雪溪馆，作为文人雅士相聚之所。

正值江南三月，烟雨蒙蒙，桃花盛开，满眼无尽风光。颜真卿兴致颇高，就在亭中置案，挥笔写下柳恽的《江南曲》。"鲁公墨宝，天下之重。这幅字写的又是我柳氏先祖之作，恳请鲁公赐予我，也好当做传家之宝。"柳中庸笑着说道。

颜真卿尚觉不尽兴，又写起了《梁吴兴太守柳恽西亭记》。

正在这时，忽然听见河面上传来隐约的吟诵之声：

新沐者必弹冠，新浴者必振衣；安能以身之察察，受物之汶汶者乎？宁赴湘流，葬于江鱼之腹中。安能以皓皓之白，而蒙世俗之尘埃乎？

颜真卿和柳中庸觉得很是惊异，凝神细听，却是屈原的《渔父》。舟中人身披蓑衣，头戴箬笠，一支竹篙挥洒自如，小舟轻飘飘飞过夹岸而生的桃林，那情景真是潇洒自如，动人心魄。两人都看得呆了，只听那人继续唱道：

> 沧浪之水清兮，可以濯吾缨；沧浪之水浊兮，可以濯吾足。

一曲唱毕，那人已停下船来，维舟系缆，冲着亭中高喊："颜鲁公在否？烟波钓徒来访。"

听说是烟波钓徒四个字，颜真卿满面欢笑，连忙上前迎接。柳中庸也过来见礼。

烟波钓徒不是别人，正是隐士张志和。

张志和是开元、天宝年间大名鼎鼎的人物。他的先祖也是湖州长兴人，本人却出生在长安行馆，据说其母妊娠期间曾梦见神仙献龟，于是取名为龟龄。张志和天生聪颖，三岁能诵，六岁能文，名动京师，唐玄宗亲自考试，特命他进入太学读书，结业后太子李亨亲自赐名为志和，字子同。"安史之乱"爆发，张志和追随太子，转战于灵武、凤翔等地，和舅父李泌为匆忙即位的肃宗出谋划策，立下大功，被超擢为正三品的左金吾卫大将军。

只是父亲和妻子接连去世，加上伴君如伴虎，张志和渐渐厌倦官场，过起了悠游山水的隐士生活，自称烟波钓徒，十几年前往来于绩溪、湖州间，结识了陆羽和皎然。兄长张鹤龄看他不事生计，风餐露宿，便为他在越州建了草堂，张志和却不愿老于户牖，仍然时时驾舟云游。

颜真卿早就听说他的名声，原来在朝廷上还不觉得他有何特出之处，近些年听多了他四海为家的事迹，不由得心心向往了。

当天，颜真卿便召集众人，雅集于白蘋洲雪溪馆，宴请张志和。席间有歌有舞，徐徐演出《凌波惊鸿舞》等。陆羽为众人烹煮雪溪特有的紫笋茶，李萼置办了海量的若下酒，文人雅士们欢声雷动。

"今日烟波钓徒来访，真如天外来客，真卿不才，特意备此欢会。哪位先来赋诗，记此良辰美景？"酒过三巡，颜真卿环顾众人，问道。

"鲁公，晚生不才，已经有诗了。"柳中庸说，说完便朗声吟诵道：

抽弦促柱听秦筝，无限秦人悲怨声。

似逐春风知柳态，如随啼鸟识花情。

谁家独夜愁灯影？何处空楼思月明？

更入几重离别恨，江南歧路洛阳城。(《听筝》)

八句念完，引起无数喝彩声，随后众人纷纷献技，气氛愈发热烈。这时，张志和已经有了醉意，起身走到书案前，抄起毛笔，便在纸上挥洒起来。众人纷纷围拢过来。只见他时而浓墨渲染，时而淡墨勾勒，一片苍茫山水瞬间现于纸面，正是《洞庭烟波图》。张志和退后三步，细细端详自己的作品，很快又在画中点画三两笔，一艘小船、一个钓叟赫然呈现。

当日参加白蘋洲雅集之人，各个身怀绝技，笔墨功夫都不在话下，但是看到张志和如此敏捷，飞花摘叶间画出栩栩如生的洞庭山水，还是很感震惊。

"今日欢会，须有主题。方才玉真子飞舟而来，高歌《渔父》，令人心驰神往。我等何不就以渔父为题，比上一比？"颜真卿提议道。

众人纷纷响应，很快便有人写出七八首诗来。这时，张志和缓缓起身，手举酒杯，似唱似吟地念道：

西塞山前白鹭飞，桃花流水鳜鱼肥。

青箬笠，绿蓑衣，斜风细雨不须归。

张志和唱完，立刻引起满堂喝彩，人人都觉得这首诗婉转流丽，意境幽远，于无人之处写透人心，便是诗仙李白到此，恐怕也无法超越。

后来依然有人唱和，总计写出二十五首佳作，然而细细品味，还是张志和的《渔歌子》最为"擅场"（唐代诗会中超越众人，压倒全场的佳作被称为"擅场"）！

这年年底，颜颗生了个儿子，颜真卿将近古稀之年抱上了孙子，欣喜之情溢于言表，决定多多置办酒肉，把春节过得更加隆重。

那天，他正在衙门里处理公务，儿子颜硕忽然跑到面前，气喘吁吁地喊道：

"父亲，父亲，大喜啊！"

颜真卿抬头看了看儿子，满心惶惑，颜颗的孩子已经生下来了，母子平安，还有什么喜事吗？

"大哥，大哥回来了！"颜硕声音颤抖着说道。

"大哥？"颜真卿还是百思不得其解。

"就是我从没见过面的颜颇大哥啊！"

颜颇？我的颇儿？

二十多年来，无人提及这个名字，韦夫人有时说起苦命的颜颇，忍不住哀哀哭泣，颜真卿也只能安慰。他自己也不能不想念，可是想也无益，只能把思念、担忧、遗憾、愧疚压在心底。现在，突然听到这个名字，仿佛炸雷响彻耳边，手中的笔管登时掉落在地，他试着站起身来，最后却无力地倒了下去。

颜硕扶着他回到郡斋后堂的时候，颜真卿已经满脸泪痕，泣不成声了。

父子相见，紧紧拥抱。那边韦夫人早已哭过一场，看到父子重逢的场景，再也忍不住，又哭了起来。颜真卿捧着颜颇的脸，仔细端详，依稀还能看出当年的孩童模样，只是鬓角早白，多了几许风霜。

"颇儿，你受苦了……"说了这几个字，颜真卿便再也说不出话来。

皎然在旁边，拍手大笑。

"鲁公，你和大公子久别重逢，这是多大的造化，多大的福气，应该高兴才是，全家人怎么都哭了？"

"是是是，皎然大师说得对。来来来，颇儿，过来坐下吧。"

一家人互诉衷肠，皎然已经挥笔写下一首诗，庆贺颜颇的归来。颜颛捧着诗稿，大声念道：

相失值氛烟，才应掌上年。

久离惊貌长，多难喜身全。

比信尚书重，如威太守怜。

满庭看玉树，更有一枝连。

"'久离惊貌长，多难喜身全！'说得对，说得对，'安史之乱'让多少人家破人亡，我颇儿能全身归来，实在是天赐之喜。硕儿，别愣着了，多多置办酒肉，好好犒劳你大哥！"颜真卿说道。

"是！"颜硕急忙擦干眼泪，飞快地跑了出去。

　　颜真卿在湖州做了五年刺史，正如他欣赏的柳恽那样"为政清静，人吏怀之"，当他接到回京担任刑部尚书的诏书，准备离开的时候，当地士人百姓遮道相送，十里不绝。颜真卿也频频回首，依依不舍地告别了湖州，告别了这段生命中难得的悠闲岁月。

偏向虎山行

　　重新回到大明宫，颜真卿的心里感慨不已，这时的朝廷上多是青年俊才，亲朋故旧已经不多见了。随着孙儿的陆续出生，他更愿意留在家中，含饴弄孙。他接连三次上书，请求致仕，代宗却以朝廷需要老成之臣，驳回了他的请求。

　　颜颀流浪世间二十年，早已心灰意冷，一心求道。颜真卿自觉对不住大儿，不愿强求，随他去了。颜颀自己没有儿女，格外喜欢几个侄儿，朝夕之间陪他们读书习字，通化坊老宅又恢复了往日的生气。

　　看到几个孙儿不肯用功，颜真卿就不高兴，回想自己和允臧小时候，黄泥习字，刻苦攻读，如今的孩子怎么光知道玩呢？那天他叫过颜琼、颜璋、颜湘，让他们依次站好，背诵功课，谁要是背得不熟，就用戒尺打手心。几个孩子看祖父慈祥惯了，也不往心上去，只是嘻嘻哈哈。颜真卿叹了口气，戒尺高高举起，终究是落不下，转念想道，这世上自有狠心的父亲，却无狠心的祖父，那也是没办法的事了，儿孙自有儿孙福嘛。

孙儿们出去之后，他独自坐在书案前，凝神想了许久，终于提起笔来，端端正正地写道：

三更灯火五更鸡，正是男儿读书时。

黑发不知勤学早，白首方悔读书迟。

随后叫来颜硕，指给他看。

"父亲，这是你新写的诗，叫什么题目？"颜硕问道。

"就叫《劝学》吧。以后你要多多留心琼儿他们的功课，千万不可荒废，辱没了颜氏的家风。"

"是。"颜硕捧着父亲的诗稿，恭恭敬敬地退了下去。

颜真卿尽量闭门读书，不去参与朝廷斗争。那天，左辅元笑吟吟地走进书房，笑着说道："鲁公，如今卢杞做了宰相，你怎么没什么动静啊？"

"啊，他做他的宰相，我应该有什么动静？"颜真卿不解地问道。

"哈哈，人家郭子仪郭老令公都有所表示了。"左辅元说。

"郭令公功高盖世，如今优游岁月，多么惬意。前几天他要为父亲立家庙，请我写碑文，你不也同去了吗？"颜真卿问道。

"是，去了。我还记得呢，大半个亲仁坊都是郭家的府邸，原来滕王李元婴的宅子，还有安禄山的宅子，都让他占去了，连家眷带仆役足足有三千人呢。"左辅元边说边叹息，感叹郭府的壮丽。

"哎，话可不能这样说。郭令公是多大的功劳，享乐也是应该的。"颜真卿严肃地说道。

"那是，那是，属下没有别的意思。我听说郭令公听到卢杞任宰相的消息，当场就让人减了宴席上的歌舞声乐，别人不解，郭令公说，卢相公眼里容不得沙子，还是小心为妙。这几天，郭令公身子不爽，很多官员都去探望，郭令公从来都让姬妾陪侍左右，唯独卢相公来访，郭令公下令支开所有的家眷，独自迎接，殷勤招待。"左辅元说。

"哦，这是为什么？"颜真卿问道。

"是啊，谁都不知道郭令公的意思。卢相公走后，郭令公才跟家人说，卢杞这个人脸色发蓝，相貌丑陋，实在是内心险恶之人。他来之后，家里人看了肯定会发笑，卢杞记了仇，掌权之后肯定会算账。"左辅元说。

"哦，原来如此。郭令公真不愧为我朝大将，目光如炬，思虑深远，真非我辈所能及啊。看来，咱们也要当心喽。"颜真卿笑着说道。

颜真卿想躲卢杞，卢杞却主动找上门来了。他派人来到通化坊，问颜真卿想去哪个地方做节度使。这么问的用意很明显，想赶他出京，不能继续留在朝廷。颜真卿默不作答，等见到卢杞才说道：

"我这个人脾气不好，屡屡为小人所憎恨，贬谪流放早已成了家常便饭。如今我老了，多谢相公庇护。当年，安禄山加害令尊卢中丞，还把首级送到平原。卢相公，看在令尊面上，你就忍心驱逐我这个老人吗？"

颜真卿本想动之以情，谁知卢杞心如蛇蝎，恼羞成怒。表面上，他连忙下跪，感谢颜真卿的恩德，心里却更加恨之入骨。

晚辈柳冕问颜真卿，为什么不肯出任节度使。颜真卿深深地叹了口气，眼睛望着远处，慢慢地说道："唉，我是怀念开元盛世啊。自从安史之乱后，朝政需要整治，如果一赶就走，朝廷上无人制衡奸臣，那不是让丧乱卷土重来吗？"

德宗即位不久，追封沈氏为皇太后。颜真卿奉诏寻找沈氏下落而不得，却让德宗知道了颜氏和沈氏有姻亲的事情，加上颜真卿名满天下，德高望重，便想任命颜真卿为宰相，也好弥补母族单薄的缺憾。

颜真卿还没有得到消息，卢杞却已经看透了德宗的意思，横加阻拦，绝对不能让颜真卿和自己并列为宰相。他表面上举荐颜真卿为太子太师，暗中却免了他的礼仪使等职务。放眼朝廷，已经无人可以和他分庭抗礼了。

顶着太子太师的空头衔，颜真卿躲在家里享清闲，并在左辅元、殷亮、柳冕等后辈的帮助下修家谱，立家庙。回京这两年，他常常想起堂兄春卿的遗言："真卿，我知道，你比兄弟们都强，一定能够壮大咱们颜家，只可惜我看不到了。"

有时站在通化坊的十字街上，看看南侧的颜家老宅，再看看北侧的殷家老宅，小时候的欢声笑语仿佛还在耳边，定睛再看的时候却空空如也，人都走了吗？那些人都去了哪里？恍惚之间，他会突然忘了举步，或者抬起脚来，又不知该往哪里迈步。这是衰老的表现吗？嗯，有些事，必须快些完成了。

颜真卿在老宅里徘徊多日，思忖良久，决定建立颜氏家庙。他将父亲颜惟贞的中堂改建成家庙的中堂，厅屋就改作斋室。厅屋正是颜真卿的生身之地。有时，他就在斋室里默默枯坐，往事如潮涌上心头。这些年南来北往，凿山刻石，题写了多少碑铭，如今要为自己的列祖列宗写碑了，颜真卿看着自己的右手，食指在轻轻地颤抖。

唐故秘书省著作郎夔州都督府长史上护军
颜君神道碑

曾孙鲁郡开国公真卿撰并书。(《颜勤礼
碑》。与《麻姑山仙坛记》并称为颜真卿楷书
双峰，原碑藏于西安碑林博物馆，故宫博物院
藏有宋初拓本）

写下这些字，颜真卿慢慢地有了感觉，他忘了
这是为自己的祖先写碑文，而是跟从未谋面的祖
先对话。羡门子，这一生，你走的路对吗？这一
生，你没有辱没家门吧？颜真卿默默地点着头，耳
边依稀响起母亲、伯父、姑母、舅父等人的呼唤。
"羡门子，羡门子"，呼唤声声，唯独没有父亲的
声音。父亲，你知道孩儿的名字吗？你知道我在心
里呼喊你吗？写着写着，泪水扑簌簌滴落，落在纸
上，融入墨汁。黄泥做纸，树枝为笔，像姑妈教导
的那样写"天地玄黄，宇宙洪荒"；大地为纸，肉
身为笔，像伯父教导的那样写"日月盈仄，辰宿
列张"。

这时候，颜真卿彻底忘记了张旭、褚遂良、王

羲之，甚至也忘记了自己。他是笔，是墨，也是纸，浑厚而朴实的笔画是岁月的真容，刚劲而庄重的汉字是大唐的使命。他不再是奔腾万里的黄河，也不是垂落九天的黄河，他是祁阳山间幽静深远的浯溪，也是湖州城外桃花流水的雪溪，随意所之，任性流淌，终于流向苍茫。

不知何时，左辅元轻轻来到身边，无声无息。"老太师，老太师！"看着浑身大汗淋漓的颜真卿，左辅元没有更多的言语，只是轻轻地扶住他的胳膊。

"安史之乱"以后，藩镇割据的局面非但没有好转，反而愈演愈烈，幽州的朱滔、魏博的田悦、成德的王武俊、淄青平卢的李纳结盟，各自称王，共推朱滔为盟主。淮西节度使李希烈也在许州（今河南许昌）称天下都元帅、太尉、建兴王，攻陷汝州（今属河南），不断骚扰东都洛阳。

唐德宗为人猜忌苛刻，却没什么韬略，眼看烽烟又起，登时没了主意。满朝大臣迫于卢杞威势，也无人敢言。蓝脸的卢杞计上心来，趁机陷害颜真卿，于是向德宗进言："李希烈是年轻猛将，自恃有功，傲慢骄横，将军们谁也不敢劝阻。依臣之见，最好的办法就是委派儒雅持重的老臣，前去宣布诏书，晓之以理，动之以情，劝说李希烈革心悔过。那就不用劳动三军而能收复人心了。"

德宗听了卢杞的话，觉得有道理，只是谁能深入虎穴，劝说骄横的李希烈呢？

卢杞看懂了德宗的心思，端出了蓄谋已久的诡计："颜真卿啊！颜真卿是三朝重臣，为人忠直刚毅，天下谁不知道，谁不佩服？只要颜真卿出马，李希烈肯定束手就擒。"

当德宗宣布颜真卿出使淮西的时候，满朝大臣都瞪大了眼睛，几乎没人相信皇上会派一位七十五岁高龄的老人深入虎穴。消息传到颜家，全家人为之震惊，韦夫人更是哭红了眼睛："皇上这是怎么了？咱们都说不当这官了，凭什么还让你去送命啊？"

"唉，这事跟皇上无关，都是卢杞背后捣鬼啊。再说我只是奉旨宣诏，也不见得就是送命。"颜真卿安慰夫人说。

当颜真卿出使淮西的消息传到颜家，全家人为之震惊，韦夫人更是哭红了眼睛……

"李希烈狼子野心，尽人皆知，你去肯定没有好下场。不行，咱们要上书，请求皇上另派别人吧。"韦夫人从来没有表现得这样激烈，多少次贬谪，她都是默默追随，这次似乎有了不详的预感，伤心欲绝。

"唉，君命也，焉避之？"颜真卿淡淡地说道。

受命当天，颜真卿带着侄子颜岘和家童，义无反顾地出发了，韦夫人带着孩子们送到灞桥，洒泪而归。

宁愿杀身以成仁

刚刚到达许州，颜真卿捧出诏书，正要宣读，大门忽然被冲开，呼啦啦涌进来数十个全身铠甲的年轻将领，厉鬼般叫骂不休。

"什么狗屁诏书！"

"昏君加奸臣，还想管我们！"

"抓住使者，碎尸万段！"

"别废话，杀了算了！"

"杀！杀！杀！"

颜真卿放眼望去，只见庭院里拥挤着无数的士兵，高举刀枪剑戟，气势汹汹。厅上的将军每骂一句，外面的士兵都跟着高声叫嚣。

此时此刻，颜真卿心如止水，早已将生死置之度外。他知道这是李希烈故意安排的下马威，于是徐徐转过身来，面对李希烈，平静地说道："见兵而知将。相公，这都是你调教出来的将士吗？"他以文臣之身亲临战阵，知道什么样的军队能打胜仗，这种戾气满满的军队，根本就不放在眼里。

李希烈听出了颜真卿的嘲讽之意，马上意识到这出戏演砸了，颜真卿好像不是那种胆小如鼠的文人，连忙挥了挥手，气急败坏地赶走了闹事的部属。

骂完部下，李希烈满脸堆笑，客客气气地请颜真卿住到了馆舍，实际上是软禁起来。随后几天，只是按时送来饭菜，却不再见面，偶尔派人来威逼利诱，要求颜真卿以使者名义上书朝廷，为淮西节度使李希烈谋取利益。

颜真卿既不畏惧，也不上当，什么也不肯写。经过几个回合的交手，颜真卿已经充分了解到李希烈的奸诈和蛮横，预感自己很有可能丧于其手，于是给家人写好遗书，做好了必死的准备。

李希烈也知道颜真卿正气凛然，真要把这样德高望重的老臣杀死，只会招致天下人的痛骂，于是设下酒宴，准备送颜真卿还朝。当日，席间有个叫李元平的人，他原是汝州别驾，李希烈攻打汝州的时候投降了。

李元平过来给颜真卿敬酒，带着谄笑，漫无边际地夸耀李希烈的功德。颜真卿勃然大怒，忍不住高声痛骂道："天下怎么会有你这样厚颜无耻之人，背主求荣，难道值得这么高兴？"

李元平自讨没趣，恨恨地退下了。回去之后，却怎么也咽不下这口气，悄悄找到李希烈："节帅，你真的要放走颜真卿吗？"

"啊，反正留着也没用。"李希烈说道。

"依我看，大有用处啊。将来节帅和朝廷必有一战，若以颜真卿做人质，朝廷处处掣肘，那是大大的不利啊！"李元平狡狯地说道。

李希烈觉得是个好主意，再也不想放颜真卿回朝了。

几个抗命朝廷的藩镇，数淮西节度使势力最强，幽州、魏博等地派来使者，劝李希烈登基称帝。李希烈得意扬扬地来到馆舍，告诉了颜真卿。

"鲁公，我知道你看不起我，不过自有人看

得起，还有人拥戴我称帝呢，哈哈哈！"李希烈说道。

"相公世代都是大唐忠良，今日受了乱臣贼子的蛊惑，不知警惕还洋洋自得，我看你距离覆灭不远了。"颜真卿说道。

"此话怎讲？"李希烈问道。

"相公自称势大力强，请问强得过安禄山、史思明吗？当年安史二贼窃据四镇，拥兵二十万，然战端一启，父子反目，兄弟相残，不也很快就灰飞烟灭了吗？"颜真卿义正辞严地说道。

李希烈灰溜溜地走开了，只是觉得心有不服，那天宴请四镇派来的使者，特意让颜真卿出席。颜真卿默默地坐在席间，既不说话，也不饮酒。李希烈故意让人演出诋毁朝廷的戏剧，把朝廷和皇上骂得一无是处。

看到这里，颜真卿忍无可忍，啪的一声，手掌重重地拍在桌子上，酒盏倾倒，酒洒了一地。李希烈不愿破坏了气氛，只好赶走助兴的伶人。

北面来的使者见识了颜真卿的刚烈，不怀好意地说道："嘿嘿，颜鲁公真是天赐的宰相啊！"

"什么宰相！各位没听说过颜杲卿吗？那是我颜真卿的兄长。安禄山造反，我兄杲卿首举义兵，直到被害仍是骂不绝口。真卿快要八十岁了，官也做到了太师，还有什么奢望，无非是秉承兄长遗志，死而后已。岂能屈从你们这些人！"

这是颜真卿的真心话，也是最后的态度。李希烈眼看再也套不出什么利益，命令士兵挖了个大坑，声称要活埋颜真卿。颜真卿仰天长笑，声震屋宇："圣人云死生有命。李相公拿把剑来，我让你看个痛快，何必多费心思！"

两军对垒，气壮则胜，气沮则败。李希烈和颜真卿交手几个回合，不仅丝毫占不到便宜，反而像个跳梁小丑，每次都被驳得体无完肤。

不久，唐德宗正式向淮西节度使宣战，四路大军共同讨伐李希烈。他们是北方的宣武军节度使李勉，西北方向的汝州节度使哥舒曜，南方则是江西节度使李皋、荆南节度使张伯仪。

李希烈处心积虑，谋划已久，当然有所准备，很快就击败了南方的张伯仪，随后乘胜攻打汝州节度使哥舒曜。李希烈手下有个名叫周曾的将军，早就看不惯李希烈的骄横，看到颜真卿视死如归的精神，很受感召。大军走到许州和汝州交界的襄城，周曾等人商议，率领大军返回，杀死李希烈，拥戴颜真卿为节度使，归顺朝廷。遗憾的是谋划不密，走漏了消息，李希烈调来精锐部队，很快扑灭了这次反叛，杀死周曾等人。

有了这次挫折，李希烈暂时回到蔡州（今河南汝南），颜真卿被押到了汝州的佛寺。颜真卿没像"安史之乱"那样身处战场前沿，只能躲在后面隐约猜测前方的形势，心里更加着急。透过窗户，看到小小的天空，有时晴天丽日，有时阴云密布，颜真卿的心里却没有晴天。

他预感到末日快来了，左右无事，写好了呈献给皇上的遗表，还给自己写了墓志和祭文。写完再看，颜真卿的嘴角露出一丝苦笑，这一生给多少人写过祭文，想不到还有余力给自己写呢。

感觉大事已了，此生再无牵挂，颜真卿信手拿过毛笔，徐徐写道：

真卿奉命来此，事期未竟，止缘忠勤，无有旋意。然中心恨（liàng）恨，始终不改，游于波涛，宜得斯报。千百年间，察真卿心者，见此一事，知我是行，亦足达于时命耳。

这篇《奉命帖》是内心的喃喃自语，也是跟后人对话，向历史敞开心迹。守卫的士兵崇敬颜真卿，看到他新写的字，壮着胆子问道："鲁公，这幅墨宝能赏给小人吗？"颜真卿笑着点了点头，伸手指着寝室的西墙，轻声说道："我死之后，就埋在这里吧。"

那个士兵听了，潸然泪下。长安在西，颜真卿死也要朝着家的方向。

唐德宗鉴于各镇叛乱难平，天下躁动不已的状况，下罪己诏，罢免卢杞，同时赦免李希烈、田悦、王武俊、李纳、朱滔等人。朱滔等人也知道大事难成，悄然除掉王号，服从朝廷。

李希烈却不想这么轻易放弃，悍然在汴州称帝，国号大楚，并派部将辛景臻、安华到颜真卿住

斯书竟出领忠鬓

臾意於中心

间窓页见

不知见此一事知我

是行己呈達於時

这篇《奉命帖》是颜真卿内心的喃喃自语，也是跟后人对话，
向历史敞开心迹。

所，堆起干柴，威胁说："颜真卿，你到底投不投降？再不投降，就烧死你！"

颜真卿当然不受羞辱，也不跟他们多说废话，径直起身，跳进火堆。辛景臻等人只是来吓唬吓唬颜真卿，没想到这个七十六岁的老人如此倔强，真要是烧死了反倒无法向李希烈交差，几个人七手八脚地拉住颜真卿，急忙灭了火。

朝廷大军节节胜利，很快收复了汴州，李希烈眼看形势不妙，只得退回蔡州老巢。第二年正月，颜真卿也被转移到了蔡州的龙兴寺。正是在这里，颜真卿写下了生命中最后的书法作品《移蔡帖》：

> 贞元元年正月五日，真卿自汝移蔡，天也。天之昭明，其可诬乎？有唐之德，则不朽耳。十九日书。

"有唐之德，则不朽耳！"

短短八个字，既是颜真卿的心声，也是豪迈的预言。只有生于开元年间的人，才懂得大唐的含义；只有长于开元年间的人，才懂得大唐的宝贵。

颜真卿不知道的是，这个大唐少不了他，正如少不了诗仙李白、诗圣杜甫、画圣吴道子、剑圣裴旻。哪怕大唐灭亡，也会化作无形的遗产，历千百年而不朽。

这时，那个守卫他的士兵帮他收起纸张，微笑着说道："鲁公快要得救了。"

"你是说李希烈兵败的事？不会的，不会的。"颜真卿摇了摇头。

"为什么？"士兵诧异地问道。

"你听过三国田丰的故事吗？当年官渡大战，田丰多次给袁绍出谋划策，袁绍不但不用，还把他关进大狱。后来袁绍被曹操打败，将士们都捶胸痛哭说，要是田丰在这里，不至于败到这个地步。有人告诉关在狱中的田丰，这次袁将军知道你的建议是对的，肯定会重用你。田丰却说，袁绍这个人表面宽厚，内心猜忌，如果他得胜，高兴了还能赦免我；打了败仗，肯定更加怨恨我。现在既然打败了，我就不指望活命了。那袁绍回来后，果然杀了田丰。你看我现在的境况，不是很像田丰吗？"颜真卿说。

第二天，李希烈派宦官前往龙兴寺，厉声说道："有诏书！"

颜真卿拜了两拜，准备迎接诏书。宦官说道："颜真卿罪不容恕，着即赐死。"

颜真卿感到疑惑，抬起头来问道："老臣没有完成使命，的确罪该万死。请问，使者是从长安来的吗，哪天出发的？"

宦官却说："本使者是从大梁来！"

颜真卿马上明白过来，根本不是来自长安的诏书，而是李希烈的伪诏，大声骂道："原来是叛贼，怎敢称诏！"

"大楚皇帝有诏，赐颜真卿死，动手！"

话音刚落，一条绳索便套上了颜真卿的脖子。

颜真卿死了。

颜真卿却又活着，活在他的精神里。

颜真卿永远活着，活在他的书法里。

颜真卿不死，早已化作大唐的精灵。

颜真卿是不死的汉字之魂。

颜真卿
生平简表

● ◎唐中宗景龙三年（709）

颜真卿出生于长安通化坊。

● ◎唐睿宗景云二年（711）

父亲颜惟贞去世，母亲殷夫人独自抚养十个子女。

● ◎唐玄宗开元九年（721）

舅父殷践猷去世。跟随母亲前往苏州，投靠外祖父殷子敬。

●◎开元二十年（732）

伯父颜元孙去世。

●◎开元二十二年（734）

进士及第。娶太子中舍韦迪之女。

●◎开元二十四年（736）

通过吏部铨选，授朝散郎、秘书省著作局校书郎。结识高适等友人。

●◎开元二十五年（737）

姑母颜真定去世。

●◎开元二十六年（738）

母亲殷夫人去世，丁忧三年。

●◎天宝元年（742）

应博学文词秀逸试，登科。出任醴泉县尉。

●◎天宝四载（745）

醴泉县尉任满，前往洛阳，跟随张旭学习书法。

●◎天宝八载（749）

迁殿中侍御史，后受杨国忠忌恨，出任东都畿采访判官。

●◎天宝九载（750）

升任侍御史。

●◎天宝十载（751）

改任兵部员外郎，判南曹。

●◎天宝十一载（752）

书《多宝塔碑》。

●◎天宝十二载（753）

出任平原郡太守，察觉到安禄山反状，暗中备战。

●◎天宝十四载（755）

安史之乱爆发。颜真卿首举义旗，堂兄颜杲卿也在常山起义，河北诸郡共推颜真卿为盟主。

●◎唐玄宗天宝十五载、唐肃宗至德元载（756）

常山失守，颜杲卿与次子季明在洛阳殉难。
颜真卿送儿子颜颇为人质，以联络平卢刘客奴。
肃宗即位于灵武。颜真卿放弃平原，渡过黄河，投奔肃宗。

●◎唐肃宗乾元元年（758）

任蒲州刺史，书《祭侄文稿》。后贬为饶州刺史。

●◎唐代宗宝应元年（762）

任户部侍郎。

● ◎宝应二年（763）

安史之乱平定。迁尚书右丞。

● ◎广德二年（764）

晋爵鲁郡开国公，书《争座位帖》。

● ◎永泰二年（766）

上《论百官论事疏》，得罪宰相元载，被贬为吉州别驾。

● ◎大历三年（768）

改任抚州刺史。

● ◎大历六年（771）

撰写《麻姑山仙坛记》。抚州刺史任满后会晤元结，书《大唐中兴颂》。拜谒先祖颜含墓，撰写《颜公大宗碑铭》。

●◎大历八年（773）

赴任湖州刺史，结识皎然、陆羽等。主盟湖州诗会。

●◎大历九年（774）

皇甫曾、张志和等人来湖州游。《韵海镜源》编纂完成，献于朝廷。

●◎大历十年（775）

长子颜颇归来，父子团聚。

●◎大历十二年（777）

撰书《殷君夫人颜氏碑》。湖州刺史任满，回长安任刑部尚书。

●◎唐德宗建中元年（780）

立家庙于通化坊祖宅，撰书《颜氏家庙碑》。罢吏部尚书，改任太子少师。

●◎建中四年 (783)

出使叛军李希烈部，被扣押。

●◎贞元元年 (785)

书《移蔡帖》。被李希烈杀害于蔡州龙兴寺。

●◎贞元二年 (786)

李希烈被部下毒杀，淮西叛乱平定。颜真卿灵柩归葬于京
兆万年县凤栖原祖茔。